# 家事法の
## 理論・実務・判例

## 5

### 道垣内弘人・松原正明 ［編］

Hiroto Dōgauchi, Masaaki Matsubara

勁草書房

# はしがき

　家事事件をめぐる法状況を総体的に検討する媒体として、『家事法の理論・実務・判例』の第1巻を公にしたのは、2017年秋のことである。出版事情の厳しい中、ここに第5巻を刊行することができた。

　第1巻の「創刊の辞」では、発刊の目的として2つのことを記している。1つは、裁判官・弁護士・研究者が家事事件について一堂に会して行った共同研究を定期的に発表すること、もう1つは、裁判例や実務の現況などを的確に紹介・検討すること、である。そして、このようなコンセプトは墨守するものではなく、成長させていくべきものであるとした。

　さて、第5巻は、上記のコンセプトを基本的に維持している。コロナ禍によって、全員がリアルに集まることはしばらくできていないが、Zoomなどを用いての共同研究会は行っており、活発な議論が行われている。そして、その成果を本巻においても掲載している。また、裁判例や学界の状況の検討も続けている。

　ただし、本巻は、2つの変化がある。

　第1に、裁判官・弁護士とともに、実務の第一線に立っている方々に参加していただくようになった。今回は家庭裁判所調査官等として家事事件の解決にあたってこられた鈴木裕一さんのご参加を得たが、今後も、多くの実務家の協力を仰いでいくつもりである。

　第2に、本巻では、第1巻から第4巻までには存在していた座談会は掲載しなかった。年報では、刊行頻度の関係で、現在まさに問題となっているところを取り上げることが難しいと考えたからである。そのため、本巻は、これまでに比べ、少しスリムになっている。多くの読者がアクセスしやすいものになっ

たかもしれない。ただし、「特集」以外の論文の掲載についても、今後は考え
ていきたい。

　「特集」の各論稿は、リアルとバーチャルを併用して開催した共同研究会で
の報告・検討を経たものであり、勁草書房には、本巻の刊行だけでなく、当該
研究会の開催についてもお世話いただいている。この場を借りて、お礼を申し
上げる。

　私たちは、現今の問題、学界の動向、裁判例の動向について、弁護士・裁判
官・研究者等による共同研究が今後とも重要だと考えている。来年には、その
成果を第6巻として公刊すべく、すでに共同研究会を積み重ねているが、読者
におかれては、今後のあるべき共同研究の手法・取り上げるべきテーマなどに
ついて、様々にご教示いただければ幸いである。

　最後になったが、出版にあたっては、勁草書房編集部の山田政弘さんにお世
話になった。的確な助言・丁寧な校正に、心から感謝したい。


2021 年 11 月


道垣内弘人

松原　正明


　なお、とりわけ、「特集」は、日本学術振興会科学研究費補助金（2019 年度基盤
研究（C）の「家事事件の実務的課題からアプローチする実体法理の再構築」（課
題番号：19K01392））の成果である。

# 目　次

# 編者・執筆者一覧

〔編集〕

| 道垣内弘人 | 専修大学教授 |
| 松原　正明 | 元早稲田大学教授・弁護士 |

〔執筆〕※執筆順

| 鈴木　裕一 | 一般社団法人家庭問題支援オフィスフェニーチェ理事・顧問、元広島家庭裁判所首席家庭裁判所調査官 |
| 掛川　亜希 | 弁護士 |
| 石綿はる美 | 一橋大学准教授 |
| 大村　敦志 | 学習院大学教授 |
| 大澤　逸平 | 専修大学教授 |
| ダニエル・マシャド | 立教大学特任准教授 |
| 青竹　美佳 | 大阪大学教授 |
| 松原　正明 | 元早稲田大学教授、弁護士 |

## 第 1 章　特集——子の監護

## 〔1〕家庭裁判所調査官による子に関する調査の実情

鈴　木　裕　一

### I　はじめに

　未成年の子がいる夫婦関係事件及び子が事件本人となっている家事事件の処理においては、従来から子の福祉を重視して事件処理を行ってきたが、2011年の民法の一部改正により、親権が子の利益のためであることが明文化され（同法 820 条）、2017 年施行の家事事件手続法（以下、「同法」という）で、「家庭裁判所は、親子、親権又は未成年後見に関する家事審判その他未成年者である子がその結果により影響を受ける家事審判の手続きにおいては、子の陳述の聴取、家庭裁判所調査官よる調査その他適切な方法により、子の意思を把握するように努め、審判をするに当たり、子の年齢及び発達の程度に応じて、その意思を考慮しなければならない」と規定された（同法 65 条、258 条 1 項）。

　これらの流れに沿う形で、家庭裁判所調査官（以下、「調査官」という）の調査のあり方も行動科学の専門的知見を活かすべく経済調査等から撤退するとともに、子に関する調査への積極的関与という形に変化してきた。そのため、現在の調査官調査のほとんどが子の監護に関する調査となっている。

　さらに、調査官の関与形態もそれまでの事前調査、包括調査、調停期日継続出席中心から、効率的な期日出席を行い、期日間に調査事項を焦点化した部分調査を実施して、調査結果を調停と効果的に組み合わせて早期に適切な解決を図る形に変化してきた。

　本稿では、調査官調査における子の調査の基本的なスタイルについて、調停

事件を念頭に著者の私見を述べてみたい。

## Ⅱ　調査の態様等

### 1　調査官の家事事件への関与

（1）　手続き選別

　調査官が家事事件に関与する場合には、後述する各種調査官関与の前段階として「手続き選別」（インテーク）という関与から始まる。これは家庭裁判所が事件受理した直後に、当該事件の処理において調査官関与の要否及び関与形態などを主任調査官等が記録精査のうえで意見を裁判官に具申する手続きである（「命令補佐」といわれている）。

（2）　調停期日出席

　家庭裁判所は必要があると認めるときは、審判又は調停の期日に調査官を出席させることができ、調査官に意見を述べさせることができる（同法59条1項、2項、258条1項）とされている。

　従来の期日出席は調停委員会を支援したり、当事者を援助するために期日出席するというものが多く、それなりの成果を挙げていたが、長期にわたる継続出席になりがちだとの批判があった。現在の期日出席の目的は調査の要否及び調査の内容を判断するためであったり、調査後に期日出席して調査結果を口頭で補充報告するということが主流となっている。

　調停期日に出席した調査官は、期日出席報告書を作成して提出する。

　また、家庭裁判所では調停委員会の求めに応じて急遽調停に出席して当事者及び調停委員から調停進行上の問題点等を聴取して、調査官関与の要否等についてその場で意見を述べる立会当番調査官を置いている。

（3）　調査

　家庭裁判所は調査官に事実の調査をさせることができる（同法58条1項）とされている。

　調査には、実施時期別に事前調査、進行中調査があり、形態別には包括調査、部分調査、試行的面会交流、出頭勧告調査、調整活動に大別される。

（A）　事前調査

　申立書の記載内容、主張等が不明瞭である場合など、調停の円滑な進行を阻害する要因のある事件について、第 1 回調停期日の準備として、事案及び調停進行上の問題点を明らかにしたり、当事者に対して調停への動機付け等をすることを目的として実施し、部分調査が主流である。

（B）　進行中調査

　調停の期日間に、調査事項を焦点化した事実の調査や調整活動などの部分調査を行うことで、調査結果と調停を効率的、効果的に組み合わせて早期の解決を図ることを目的とする。

（C）　包括調査

　従前は事前調査として事案の紛争状況等を包括的に調査して争点を整理するなどして、事件処理の進行に資するものとされたが、事件処理の迅速化、効率性の点で問題があるとして、現在は行われることは稀である。

（D）　部分調査

　調査事項を焦点化することで、効率的に調査を行って解決に資することを目的とする。調停期日間に行われる進行中部分調査が調査官関与の主流である。

（E）　試行的面会交流

　面会交流の円滑な実施に向けた導入を行う必要がある場合や面会交流の条件を決める必要がある場合に、家庭裁判所の子の調査専用の面接室（年齢の低い子が安心して調査を受けられるように玩具や絵本を備え、床にはカーペットが敷いてある児童専用の面接室。マジックミラーで仕切られた隣に観察室がある家庭裁判所もある。以下、「児童室」という）等を利用して調査官が関与して親子交流場面の観察調査を行うことを目的とする。本来は、面会交流事件の成立のために行うものであるが、子の監護や親権を巡る事件について、面会交流実現の可否を調査することで解決が期待できる事案の場合にも実施することがある。

（F）　出頭勧告調査

　調停期日に出頭しない当事者について、その原因及び期日出席についての意向を調査し、その者に対して適切な説明を与える等して、出頭の確保と調停への円滑な導入を図ることを目的とする。

### （G）　調整活動

　家庭裁判所は事件の関係人の家庭環境その他の環境の調整を行うために必要があると認められるときは、調査官に社会福祉機関との連絡その他の措置を取らせることができる（同法59条3項）とされている。

　調整活動には、①社会福祉機関との連絡調整、②助言援助活動、③心理的調整がある。①は子の監護状況、当事者の生活状況、あるいは精神状態等に問題があるため緊急に関係機関（福祉事務所、母子寮、児童相談所等）との連絡調整その他の措置をとる必要がある場合に行われる。②は精神的に問題を抱える当事者や家族に対して、専門の機関を紹介したり、自発的な保護や援助を求めるよう助言をする。また、飲酒、浪費に問題がある場合には生活指導的な助言援助を行う。③は情緒の混乱や心理的葛藤の著しい当事者に対し、調停手続きに主体的、積極的に臨むよう当事者を動機付け、緊張を緩和させ、葛藤を鎮静化させる等して、理性的に問題解決を図る状態になるよう働きかけることを目的とする。

### （H）　その他（共同調査）

　共同調査は、事案が複雑なため、単独の調査官では調査及び調査結果の評価または意見形成等に困難が伴うときや、調査事項が特に専門的な知見及び技法を必要とするときなどに行われる。

　子の調査については、複数の調査官による共同調査を実施することが多い。子の調査では、大人との面接よりも、面談（陳述聴取）だけでなく、表情や行動の観察も重要である。特に低年齢の子の場合には、面接者の予想しない反応や行動、微妙な表情の変化などがあるので、注意深く観察もしなければならない場合が多い。したがって、発問者と観察者（記録者）という役割を分担して共同調査が行われることが多い。

　また、子の調査結果の評価は慎重に行う必要があり、個々の調査官の評価バイアスを補正してできるだけ科学性を持った専門的な調査結果（調査官意見）を得るためにも共同調査が適していると考えられる。

　さらに付言すれば、調査官の最小組織単位は組といって、主任調査官と一人または複数の調査官で構成されているが、組においては、定期的あるいは臨時に組会議（「組・定例ケース会議」という）を実施して、組の調査官が担当し

ている事件について調査手法の点検や調査結果の評価について検討会を行っており、最終的には調査報告書の専門性、妥当性、意見の相当性を担保するような態勢を整えている。

（4）　司法面接と調査官面接

近時、家庭裁判所における調査官による子の調査に司法面接の活用の可能性が指摘されている。

司法面接は、児童虐待や性的被害にあった人（子）に対して、司法手続きに必要な情報を客観的に聴取する面接技法である。具体的には、被害のあったできるだけ早い時期に一度だけ面接を行い、面接の一部始終を録画する。面接室では、おもちゃなど子の注意をそぐようなものはできるだけ置かず、面接時間は「子の年齢×5分」が目安といわれている。別室のモニターで別のスタッフが観察している。子が体験した事実のみを扱い、基本的に心情や意向の聴取は行わない。面接の進行の手順は決まっている。

調査官による子の調査は、子の心情や意向を調査することが主目的で、子が体験したことは重要ではあるが主目的ではない。面接回数の制限はなく、進め方の自由度も高い。ただし、面接技法の基本については、共通するところがある。ラポール（信頼関係）の形成、開かれた質問と閉ざされた質問の使い分け、面接目的の説明、面接のルールを被面接者（子）にきちんと伝えること、誘導を極力排除すること、クロージング（被面接者に面接の終了を明確に意識させるための会話）を行うことなどは共通である。

## Ⅲ　子を巡る調査の実情

### 1　調査計画

（1）　受命内容と調査計画及び報告の関係

どのような報告が求められているかを明確にしたうえで、受命段階で調査内容を焦点化した調査計画を立てる必要がある。代表的な調査命令は「子の監護状況」、「子の意向」、「親権者（監護者）の適格性」等であるが、父母双方の家庭環境調査の必要性の有無、子の調査の内容（意向把握の要否）と方法、非監護親との試行的面会交流の実施の要否、監護補助者調査の要否、関係機関の調

査の要否など、調査の範囲や方法を調停委員会との間で認識を共有しておくことが調査結果を調停に活かすためにも重要である。

調停事件では、当事者が主体的に調停手続きに関与して解決を図ることが望ましく、そのためには調査内容及び結果を調停委員会と当事者が共有することが重要であり、調査の必要性及び内容等については、当事者にも十分に理解してもらうことが重要である。

なお、「子の意向」については、年齢（おおむね 10 歳未満）及び発達段階が下がるにつれて、家庭裁判所の手続や結論について子が意向を述べることは困難となる。しかし、子の年齢や発達の程度によっては、自分の置かれている状況や今後どうなってほしいかの希望は述べることが可能なこともある。この場合、表現された言葉だけでなく、非言語表現（態度や表情など）と子の置かれた現状等を総合的に検討して、子の意思を推し量る必要がある。このように年齢の低い子の父母や家庭に対する推認される子の意思（意向）を「心情」と表現し、子の監護状況調査の際に把握している。

（2）　申立書等の精査

申立てと同時あるいは直後に子の監護に関する資料（「進行に関する意見書」「事情説明書」「子の監護に関する陳述書」等）の提出を当事者に求めているのでこれらの資料を精査する。

特に、子の成育状況、親の監護状況（実績）について、双方の主張の相違点等を念頭に調査事項を検討する。そのうえで、当事者双方が特に主張していないものでも、資料から得られる子の発達状況や父母と同居時の親子関係、現在の生活状況と監護親との親子関係、非監護親との交流の状況等を勘案して、子の心情や生活状況等を推し量って調査事項を組み立てる。ただし、調査は事前に検討した調査事項の検証だけが目的ではなく、調査事項は実際の調査で確認する事実の一部であって、実際の調査場面では臨機応変に当事者及び子への面接や観察等を実施して必要な事実を収集することが重要である。

（3）　その他の資料の精査

精査すべき資料としては、①母子手帳、②保育園等の連絡帳、③通知表（小学生以上）、④保護者の給与明細等、⑤家の間取り図（家庭訪問時の子との面接場所等を計画する際に必要）などが考えられ、事案に応じて収集・精査する。

（4）　関係者、関係機関の調査

　家事事件における調査官の事実の調査は、家庭内での出来事の調査であるから、客観的な資料は少ない。そのような中で、子の祖父母等の関係者、保育園、幼稚園、学校や児童相談所等の関係機関は、日常的、継続的に子及び当事者とかかわっているので、これら関係者からの情報は貴重である。ただし、関係者と当事者との関係性や子の日常生活の一部しか見ていないことには注意が必要である。子の祖父母の場合は、当事者との親子関係のバイアス、子（孫）に対する執着などの問題があるので、客観的情報という点では慎重な考察が必要である（一方で、冷静で社会常識のある祖父母は事件解決の重要な調整的役割を果たしてくれることがある）。保育園、幼稚園、学校等の教諭は第三者としての客観性は一応高いと考えられるが、祖父母や一方当事者と親密な交流があったりする場合があるので注意を要する。また、子に持病があり監護に配慮を要する場合や当事者自身が罹病している場合があるので、医師を調査対象にすることもある。

　関係者、関係機関に対しては、家事事件の調査であること、調査結果は調査報告書に記載されて報告されること、閲覧・謄写の可能性と非開示事由などについて十分に説明することが必要である。

## 2　親の調査

　親との面接は原則として家庭裁判所の面接室で行う。

　調査事項（面接の実際・留意点）は以下のとおりである。

（1）　子が出生してから別居までの監護状況

　当事者双方と面接する場合、子の出生からの主たる監護者が誰であったか、その監護状況はどのようなものであったか、子の成長の時間的経過に合わせてその時々の1日のスケジュールを順を追って聴いていき、そのとき他方の当事者はどのように監護にかかわっていたか等を明らかにしていく。調査官の調査は、当事者双方の主張と反論を突き合せたり、検証することが第一の目的ではない。したがって、当事者双方の主張を検証していくだけではなく、子の監護状況や子の意向及び心情の把握に必要な事項について調査官の視点で当事者が問題としていないところにも調査の焦点が当たることも多い。たとえば、親

権・監護権について紛争性が高くなくても、面会交流が長期間途絶えているなど子への配慮が十分でなかったり、子が紛争に巻き込まれて監護親の顔色を窺っている様子があったり、心身の発達に問題が見受けられ、それに対する父母の対応が不十分である場合など、家庭裁判所として子の福祉に疑念を抱くような場合がある。そうした場合、当事者の主張・反論だけによらず、子の福祉の観点から調査の内容等を組み立てる。

　また、相手の監護方法について、激しく攻撃する当事者が多いが、激しくなくても問題点を多々指摘する当事者は多い。そのような場合には、「あなたは、その時何をしていたのか」、「どのように対処したのか」、「そしてその行動はどのような気持ち、感情から出たものであるのか」、「それを現時点でどのように評価しているか」を丁寧に聴取する。当事者の中には、このような調査官との面接の中で、客観的に自身の行動や事態を見つめ、冷静、解決的（妥協的）に調停に臨むことができるようになる人もいる。調査官の調査は事実の調査であるが、当事者がこのような姿勢が持てるように調整的、援助的に行われるのが、調停事件の調査では一般的である。

　（2）　別居により現在の監護状況となった経緯

　別居時の状況は、子の心情面にダメージを与える場合があるので、事実関係を中心に確認する。

　（3）　現在の子の監護状況

　監護親に対して、1日のスケジュールを順を追って聴いていく。誰が朝食の準備をするのか、朝食の内容はどのようなものか、保育園児の場合には送迎者は誰か、日中家にいる場合や保育園や学校から帰ってきたときに子はどのように過ごしているか、夕食は誰が準備して誰と食べるか、入浴は誰とするか、夕食後就寝するまでのスケジュールと誰がどのようにかかわっているか、監護親と子はそれぞれの場面でどのような会話をするか、子の監護・養育で心掛けていることは何か、心配や不安に思うことはないか、子の発達状況や性格等についてどのように思っているか、などを聴取する。非監護親からも子の監護状況についての情報や意見を聴取する。

　（4）　将来の監護計画

　現在の監護環境に加えて、必要に応じて将来の経済状況（転職）の見込み、

住環境変更（転居）の可能性と具体的内容、子の教育計画、父母の異性関係（子の監護に影響する再婚予定の有無）等の監護計画を聴取する。仮に、自身が将来、子を監護することになった場合に、非監護親に対する対応（父母同士の関係性や子との面会交流等）についての意向を聴取する。

## 3　家庭訪問調査

　紛争の程度が激しく、当事者の主張の聴取だけでは調停の進展が望めないときに、子の監護状況及び子の意向は紛争解決の重要な要素なので、それらを明らかにすることで、解決を促進し子の福祉を実現するために、家庭訪問調査を実施する。

　また、非監護親が「現在の監護状況が不明であるが、子の監護状況に問題がなければ紛争を解決してもよい」旨の意向があるような場合にも子の監護状況（家庭訪問）調査を実施することがある。

　具体的には、調査命令が「子の監護状況」であれば監護親宅の家庭訪問調査を実施する。「子の意向」調査命令が発出されるのは、発達状況にもよるが子の年齢がおおむね 10 歳以上で、原則として家庭裁判所で意向調査を実施するが、心身の状態等の何らかの事情で家庭裁判所での調査が適切でない場合には家庭訪問して意向調査を行うことがある。幼児や小学校低学年の子の場合には、家庭訪問による監護状況調査の際に子の心情を把握している。調査命令が「親権者（監護者）の適格性」の場合は、原則として当事者双方の家庭訪問調査を実施する。

　(1)　日時の設定

　未就学児の場合は昼寝をする子が多い。一般的に人は午前 2 時と午後 2 時に眠気を催すとされており、未就学児の場合は生活習慣としても午後の早い時間は昼寝をすることが多いので、この時間帯を避けて午前中か夕方が良い。小学生以上の年齢の子の場合は下校後の時間に合わせて設定する。

　(2)　場面の設定

　事前に提出を受けている監護親宅の間取り図から、子、監護親（及び監護補助者）との面接場所、親子交流場面の観察場所、順序等を計画する。調査官と子との面接は、できるだけ監護親の影響を排除した場所で行う。通常は、子が

最もリラックスできるおもちゃなどが置いてある部屋で行うことが多い。監護親からは早い段階で子の体調、1日の生活スケジュール、保育園、学校の行事等の状況を聴取し、当日の面接の順序や場所を説明して協力を得る。幼い子を監護親から分離して調査官と面接する場合や、きょうだい（兄弟姉妹）がいる場合など、事案によって十分に検討しておくことが必要である。

調査官は、低年齢の子の調査の場合、子とのラポール（信頼関係）の形成や行動観察、円滑なコミュニケーションをとるためにクレヨン、画用紙、人形などを持参し、それらを用いながら子単独、子と監護親、子と調査官といった組み合わせで描画や遊びを行って観察やコミュニケーションをとることが多い。

（3）居住環境の調査

家の中が子の監護に問題がないかという視点で観察する。広さ、清潔さ、整理整頓などの一般的な状況のほかに、おもちゃや学習教材のありか、子の安全に気配りできているか、トイレや風呂、台所などの衛生状態などもできる限り確認する。

（4）親子交流場面の観察

面談（陳述聴取）と同様に観察が重視される低年齢の子の場合は、監護親と子がどのような態度、表情で交流するかを観察することが重要である。観察は、家庭訪問のドアを開けて挨拶をするところから始まる。監護親との親和的な接触（触る、ひざに乗る等）の存否や頻度、監護親と子の会話の内容とその時の表情などを観察する。低年齢の子は調査官が訪問したことで、興奮して走り回ったり、緊張して固まったりすることもあるので、そのような場合には無理はしないことが重要で、時間的な余裕をもって調査日程を組むことが必要である。

非監護親と子の交流場面観察も稀ではあるが、事案（たとえば、最近まで非監護親と子の面会交流が続いていた場合など）によっては行う場合がある。その場合は、子の年齢、発達状況、父母の紛争の程度、子及び当事者の意向、最近の交流状況等を勘案して交流場所、方法を検討する。年齢の低い子については、基本的には家庭裁判所の児童室で行うことが相当である。

（5）子の観察

年齢に応じた発達をしているか、身長等の体格、言語的な発達の程度、運動能力、社会性、人間関係の持ち方などを観察する。その他に頭髪や爪、皮膚の

清潔程度なども観察する。

　さらに、心理テストについて触れておきたい。一部のインターネット情報では調査官が子に対して心理テスト（描画法や箱庭等）を実施して親に対する心情確認をしているかのような情報がある。子の調査の中で、画用紙、クレヨン、人形、箱庭等を使って面接することはあるが、テストとして用いることはないのではないかと思われる。たとえば、親や家族、きょうだいの絵を描いてもらったとしても、描かれた絵だけから親や家族等に対する気持ちの表れと単純に解釈するのは早計である。描画法などの投影法については、その解釈（評価）に幅があるのでテストとして過信することは好ましくないと考えられる。それよりも子の年齢に応じて、一緒に作業や遊びをする中でコミュニケーションをとりながら親や家族に対する子の心情を聴取したり、表情やしぐさを観察して推し量るのが適切であり、これらの小道具は、調査の補助道具としての位置付けである。

## 4　子の調査

（1）　調査の説明

　子の調査を実施する前に調査について説明することは重要である。家庭裁判所では、親向けに「お子さんに対する調査について」という説明文書と子ども向けの調査の説明書面を作成している。

　なお、監護親による調査前の子に対する説明は、説明内容によっては、子の調査に大きく影響するので重要な問題である。年齢に合わせた説明について、監護親と打ち合わせておくことが必要であり、子の調査の前にどのような説明をしたか、その時の子の様子について確認する。

（A）　説明の目的

　（a）手続き保障上の意義

置かれた状況や手続きを理解させる（事前告知）。

　（b）子の福祉上の意義

子の不安等を除去し、父母の紛争に巻き込まないようにする。

　（c）調査実務上の意義

子との信頼関係を構築し、円滑な調査に資するものにする。

（B）　具体的な説明

　子の年齢、発達の程度、言語能力、父母の紛争への理解度などを勘案して説明する。通常は、どこの家庭裁判所にも年齢に合わせた説明文書のモデルを作成している。幼い子に対しては、絵本のような形式で説明するものが多い。

　最初に説明しておくべきことは、①面接の目的、②調査官についての説明、③開示についての説明、④最終的には大人が決めることの説明、⑤面接ルールの説明等である。これらの点について、年齢、言語理解力、社会化の程度などを勘案して丁寧に説明する（発達段階によって省略の場合がある）。

（a）　面接の目的

　一緒に暮らしていた家族が今は別々に暮らしているが、これからどういう形で生活していくのかを父母が家庭裁判所というところで話し合っていること（調停事件）、審判事件であれば家庭裁判所でそれを決める手続きをしている旨を伝える。そのうえで、今後のことを決めるにあたって、家族の一員である子の父母など家族への思いや家庭に対する考え方を聴きたいということを伝える。

（b）　調査官についての説明

　家庭裁判所の職員であること、父母どちらか一方の味方ではないことを伝える。

（c）　開示についての説明

　子から聴取したことは、裁判官に報告すること、父母にも開示することを伝える。併せて、父母に伝えたくないことがあれば、その旨を言ってほしいことを伝える。面接途中に、子がそのような申し出をした場合には、その理由を必ず聴取する。場合によっては、父母に伝えることが子のためになることや、紛争解決に資すると考えられるような場合もあるので、その点は子に対して丁寧に説明する。

（d）　最終的には大人が決めることの説明

　子が自身の陳述で今後の家庭のあり方が決まってしまうという誤解や不安を抱かないように最後は大人が判断することを伝える。また、子の意向通りにならないこともある旨の説明も必要である。

（e）　面接ルールの説明

　司法面接とほぼ同じ説明を行う。分からないときは分からないということ、

答えたくないことは答えなくても良いこと、知らないことは知らないということと、調査官の質問がわからないときは確かめても良いこと、などを説明する。

（2）　面接の留意事項

（A）　ラポール（信頼関係）の形成

　面接者と被面接者の信頼関係を作ることが重要である。子が安心して心情や意向を表明するためには必須のものである。低年齢の子の場合、子の表情に注意しながら、子が興味関心があることや日常生活の話題について丁寧に優しく言葉かけを行って安心できる雰囲気を作っていく。また、おもちゃなどを使って一緒に遊びながらコミュニケーションをとっていくこともある。ただし、年齢の低い子は、当日の体調やちょっとした出来事から気分が塞いだり、興奮するなど面接を続けるのに適さない状況になることもある。その場合は無理せず次回を検討する。

（B）　子の陳述の聴取

　年齢や発達の程度、言語表現能力等に留意しながら、1日のスケジュールに沿って日常生活の状況等について聴取する。さらに、これまでの生活上のエピソードやその時の気持ちを丁寧に聴いていく。そして、可能な範囲で父母に対する心情を聴取し、年齢の高い子（おおむね小学校高学年以上の子）については意向を聴取する。ただし、父母どちらと暮らしたいかといった選択を迫るような直接的な質問は原則として行わない。

（C）　質問の方法

　開かれた質問から始めるのが適切である。例としては、「お母さんは○○した」といった「ハイ」、「イイエ」で答えられる閉ざされた質問ではなく、「お母さんのことお話してくれる」といったように、自発的に自分が話したいことを選択して自由に話せる質問から入っていく。

（D）　誘導的な質問はしない

　子が親に対するあるエピソードを述べたときに、その事実とその時の気持ちを確認する必要があるが、「だからお父さん（お母さん）と会いたくないんだね」といった誘導は厳禁である。

（E）　質問はシンプルで分かりやすいものにする

　たとえば、「寝るのとご飯は誰と一緒にするの」というような複数の答えを

求めるような質問や二重否定の質問はしない。特に言語能力がまだ乏しい子にとっては負担が大きい。こういう質問が続くと答えるのが嫌になって、口数が少なくなってくることがある。

（F）　子のペースに合わせる

子は応答に時間がかかることがあるので、答えをせかすようなことは厳禁である。もし、答えが返ってこない場合は無理強いせずに別の質問に移る。答えられないのもその子の答えとも考えられるし、時間をおいて再度質問する方法もある。

（G）　その他

クロージングを行う。子が調査官調査という特殊な時間を過ごした負担、父母への心情等を述べた（あるいは述べられなかった）等の負担から確実に開放して、日常生活に戻してあげることが必要である。

もう一つ難しい問題がある。非監護親の生活状況を知らない子にどの程度その情報を知らせるかである。特に年齢の高い子で非監護親の情報を持っていない子に対しての情報提供の要否については、当事者双方及び調停委員会との間で十分に検討して共通認識を持っていることが必要である。

（3）　子の年齢別の調査の留意点等

以下、子の年齢は目安であって、子の発達の状況、心身の状態、父母の紛争による影響の程度などを考慮して具体的な調査場所、方法等が選択される。

（A）　乳幼児（0歳〜2歳）の子

調査命令は「子の監護状況」調査となるが、乳幼児はほとんどの場合、親から離して調査をすることは不可能である。また、多くの家庭裁判所には児童室があるとはいえ、調査の負担をできるだけ抑制し、心身の安定した状態で調査をするためには家庭訪問による調査が望ましい。日常生活に近い状態で心身の発達状態や監護親（及び監護補助者）との交流状況を観察することが調査の中心になる。心身の発達状況については、母子手帳を参考にしながら乳幼児の心身発達スケールなどを活用して、客観的に子の発達状況及び監護親との情緒的な結びつきを観察する。

（B）　幼児期（3歳〜6歳）の子

調査命令は乳幼児と同様と思われるので、基本的には家庭訪問調査を実施す

る。この時期の子は、言語による表現ができるようになってきているので、日常生活の状況や父母に対する心情を聴取することは可能ではある。父母に対する心情は、直接的に質問するのではなく、子の好きな遊びや描画などの作業をする中での会話や観察から把握する。そして、父母に対する心情を述べたとしても、父母間の紛争の程度、子が置かれた状況、子の発達状況及びどのような文脈で述べたのか等を十分に考慮する必要がある。

### （C）　小学校低学年（6歳〜9歳）の子

　調査命令は「子の監護状況」調査が多いが、通常は「子の監護状況」調査の場合でも父母に対する心情を把握している。小学校低学年であっても、年齢の高い子の場合は「子の意向」調査命令が出る場合がある。この年齢の子は、学校生活の経験等により、ある程度の社会性と言語能力を獲得しているが、発達の程度や置かれた環境によって言語表現能力に差があること、父母の問題を自分の問題と分けて考えるのが難しいこと、和合ファンタジー（自分が良い子に振舞えば父母が良い関係に戻るのではないかという和解幻想）を抱くことがあること、忠誠葛藤（対立している父母の間で両方を裏切れない、あるいはどちらに味方してよいか迷っている葛藤状態）が生じてくることがあるといった特徴がある。そのような諸事情を十分に考慮して陳述を評価する必要がある。この年齢の子は、言語表現能力を獲得しつつあるとはいえ、父母に対する複雑な心情を適切に表現できるわけではないので、描画等の補助手段を使用することが有効である。

　この年齢の子の意向調査は、家庭訪問によるか家庭裁判所での面接によるかは、子の発達状況や言語能力等を勘案して設定することになる。通常は、家庭訪問による調査となることが多いが、上述のとおり、この年齢の子の意向把握及び評価は難しいことが多く、さらに監護親の影響を強く受けているなど何らかの事情で、家庭での調査では子の意向を十分に把握できないような場合は、家庭裁判所に来てもらい面接構造を変えて調査するなど、複数回の調査を実施することも考えておく必要がある。家庭訪問で意向を聴く場合も家庭裁判所で聴く場合も、監護親と分離して単独で面接する。家庭裁判所で面接する場合は児童室を使用して、リラックスした状態で話ができるようにする。

(D)　小学校高学年（10歳〜12歳）の子

　「子の監護状況」の調査は家庭訪問を行い、その際に子の意向を調査する。「子の意向」調査だけの場合は、この年齢の子であれば言語表現能力も高いものがあり、ある程度の情緒面の安定性もあるので家庭訪問ではなく、家庭裁判所の面接室で意向を聴取することが可能となってくる。子の発達状況、父母間の紛争の状況などを考慮して、家庭訪問をするか、家庭裁判所の面接室または児童室での調査を検討する。

　この年齢の子の特徴としては、子なりに家庭の事情を把握するようになり、自分なりの理解と感情を持つようになる。しかし、父母の紛争は自分では解決できないので忠誠葛藤を生じることがある。そのような不安定な状況では、一緒に生活している監護親に依存し、非監護親への敵意というような否定的感情が芽生えることもある点には留意する必要がある。したがって、調査するときには監護親の影響を極力排除して行う必要がある。また、子によっては、複雑な心情を上手く言語表現できないこともあるので、描画等の補助手段を使って言語表現を助けることが有効な場合がある。

(E)　中学生（12〜14歳）の子

　「子の意向」調査の場合に、心身の発達及び生活状況に特に問題がない子については、家庭裁判所で面接する。心身の状態等の何らかの事情で家庭裁判所での調査が適切でない場合には、監護親の協力を得て家庭訪問して面接する。この年齢の子は判断力及び言語表現力も高まっていると考えられるので、表現された意向については、どうしてそのように考えるのか、感じているのかといった理由も確認する。また、思春期の特徴として、感情の起伏が激しい子や意識的に本心を隠していると思われるような子もいるので注意が必要である。

(F)　15歳以上（青春期）の子

　この年齢の子はある程度、父母とは別に自身の考えを持つことができ、自身の意向を表明することができる。基本的には、家庭裁判所での面接調査を行うが、15歳未満の幼いきょうだい（兄弟姉妹）がいるような場合に、きょうだい（兄弟姉妹）の調査で家庭訪問調査をする際に陳述聴取をすることがある。また、子本人が意向を記述した書面の提出をすることもある。家庭裁判所の中には、子に対して「陳述書送付のお願い」という書面を作成して子に送付して

書面による意向調査を行っているところがある。内容は、両親が離婚した場合に誰と住みたいか、誰に親権者（監護者）になってほしいか、それらについて意見はあるか、面会交流についての希望、その他自由記載といったものである。書面による意向聴取をする場合は、当事者と調停委員会の間でその適否について共通認識を持っていることが必要である。

## Ⅳ　調査結果の報告（調査結果の評価等）

### 1　報告の方法

調査官は、調査の結果を書面又は口頭で家庭裁判所に報告することになっている（同法58条3項）。また、調査官はこの報告に意見を付すことができるとされている（同条4項）。通常は、調査終了後速やかに書面で担当裁判官に意見を付けて報告している。口頭での報告は、予定していた調査が出来なかったときや、追加の調査が必要な事情が生じたときなどに限定的に行われるが、調査後の調停期日に出席して調査報告書を補充する形で口頭報告が行われている。

### 2　子の面接場面の調査報告書記載の留意点

子の面接場面全部を時系列に記載するのではなく、子の意向、心情を正しく評価できる必要な情報を整理して簡潔に記載することが重要である。子の意向、心情を推認できるポイントと思われる子の言語的あるいは非言語的表現については詳細に記載し、それに対応する調査官の質問、応答等はできるだけ具体的に記載する。子がどのような文脈で語ったのか、態度や表情はどうだったのかなど、言語的・非言語的表現を行った状況・過程を明らかにすることで、評価の根拠の透明性を担保することが重要である。

### 3　意見形成に考慮すべき事項

（1）　母性優先の原則

以前は母親優先という言い方をしていたが、これは子の養育（特に乳幼児）には母性によるきめ細やかな監護養育が必要であるから、特段の事情がない限り母の監護養育にゆだねることが子の福祉に合致するという考え方である。し

かし、男女の役割意識の変化、価値観の多様化及び育児に積極的に関わる父親の増加などの諸事情から、「母性的な役割を担う人」と子の関係を重視すべきであるという考え方に変化し「母性優先の原則」といわれるようになった。

したがって、年齢の低い子でも父親が適切に監護養育を行って情緒的にも親和している事案などは、父親が母性的な役割（監護）を担っている人と認められることは当然であり、単に生物学上の母親を優先するのではなく、具体的な監護状況や子との情緒的な結びつきなどを勘案して判断されることになろう。

（2）　子の被暗示性について

非監護親からは、子が監護親の影響下にあり、その態度や発言については、慎重に評価すべきとの主張がなされることがある。子の被暗示性については、低年齢の子ほど高く、年齢が高まるにつれて弱まるといわれている。子の面接において、非監護親に対してネガティブな発言があった場合には、「どうしてそう思うのか」、「子が直接見てきたことなのか」、「誰から聞いたことなのか」などを丁寧に質問して確認していく作業が必要である。

そのうえで、父母の紛争の影響、監護の実情、非監護親との交流状況や子の年齢、発達状況等を総合勘案して発言内容を評価することが重要である。

子の面接場面では、乳幼児を除いてできるだけ監護親などと切り離して子単独で行うのが原則である。

（3）　監護の継続性の原則

この原則については、単なる（安易な）現状追認でしかなく、実力行使も含めてとにかく子を監護してしまうことが重要なのか、といった批判がある。

一般的に、主たる監護者と認められる親がその監護状況及び親子関係に問題がなく、現状でも監護をしているときの監護の継続には大きな問題がないと思われる（主たる監護者の優先といえる）。子は長期間主たる監護者であった者との心情的な結びつきは強いと考えられ、それと引き離すことは子の生活面及び心理面の不安定さを招くことが考えられる。また、年齢によっては社会（友人関係や学校など）とのつながりも考慮しなければならない。一方、父母同居時に主たる監護者でなかった親が、何らかの事情で父母別居後一定期間子を監護している場合には、この原則をどのように考えればよいかは非常に難しい問題である。その場合は、子の監護状況、子の心身の状況、子と当事者双方との

心的親和関係、子の意向、双方の監護環境の優劣、監護補助者の存否や補助の内容、監護環境を変更した場合の子の受けるダメージの程度と子の回復力などを慎重に評価し、どちらが監護することが子の福祉に合致するかを判断することになろう。

（4）　きょうだい（兄弟姉妹）不分離の原則

きょうだい（兄弟姉妹）は一緒に育ったほうが情緒は安定するとか、人格形成にも役立つという意見があるが、他の事情に優先して尊重されるべきものではないと思われる。きょうだい（兄弟姉妹）の心情的結びつき、同居（別居）の期間、親との心情的結びつき、そして子の意向をはじめとした諸事情を総合して考慮されるものと思われる。

（5）　子と同居開始時の状況

現監護親が子と同居を開始したときに、子を違法に奪取したような場合には、その後の監護状況に特段の問題がなくとも、それを単純に追認することはできないという決定例がある（東京高決平成17年6月28日家月58巻4号）。調査官に違法性の評価の職分はないので、別居に至った事情について収集した事実を客観的に報告する。

また、そのときの状況が子の心身に与えた問題があるときは、その点についても報告する。

（6）　父母別居後の生活状況の変化

父母が別居すると住居や職業に変化が生じる。子を連れて実家に戻って祖父母と生活したり、子を連れて家を出たことで単独で子を監護することになった場合などがある。前者の場合、どこまで親が主体的に監護しているかの具体的事実（夕食、入浴、就寝、朝食時、休日等にどのように子と接したのか、祖父母任せになっていないかなど）を明らかにし、親子の心的親和性と合わせて総合的に評価する。単独で子を監護する場合も就労状況と子の監護状況の関係を勤務時間中の子の監護状況、勤務時間外の家事や育児の状況、監護補助者の存否、親子の心的親和性について、事実を確認して総合的に評価する。

（7）　面会交流に関する寛容性

面会交流に関する寛容性は、親権者や監護者の適格性を考えるうえでひとつの要素になっている。面会交流に肯定的な主張であれば、父母が協力して子を

養育することが子の健全育成につながるとの認識の表れとして、一応肯定的に評価して良いものと思われる。ただし、面会交流に否定的な意向の場合であっても、その主張に合理的な理由（夫婦間暴力の被害等）があるか否かについて、十分に確認する必要がある。また、寛容性だけでは親権者や監護者を決める要素としての重要度は高くはないと思われるが、将来の面会交流の可否を事件解決の手段として利用できることがあるので無視することは相当でない。

（8）　意見形成の検討項目

（A）　父母同居時の主たる監護者は誰か

父母双方の子の監護養育への関与の程度、内容とそれらの評価。

（B）　現状及び父母別居後の子の監護状況及び子の心身の状況とその評価

（C）　子の意向、心情の評価

（D）　現状の監護を継続させることが子の福祉に合致するか（メリットとデメリット）

（E）　子の監護者を非監護親に変更する必要な事情があるか

変更することが子の福祉に合致するか（メリットとデメリット）。

（F）　調停進行上の留意点

（9）　意見形成のまとめ

上述の検討項目は基本的な検討事項と考え方の流れを示したに過ぎず、紛争の状況、夫婦の形態（父母同居時の生活状況）、別居時の状況、別居後の生活状態及び子の状況等は事案によって千差万別であり、事案によって意見形成の検討項目の内容は異なる。

父母同居時の主たる監護者は誰であるのか、その監護内容の評価をすることから意見形成をすることが多いと思われるが、近時は、父親が積極的に育児に参加している場合も見られ、父母どちらを主たる監護者と評価するか難しい事案も見られる。その場合にはその他の検討事項及び諸事情等を考察して意見形成していくことになる。

調停事件における調査を念頭に記述してきたが、調査自体に調停事件と審判事件で大きく変わるところはない。

ただ、調査結果の報告については、調停事件は調査結果を踏まえて話し合いで解決することを目指すものであり、報告書も読み手である調停委員会が調査

結果を基に調停の方針を考える重要な資料となること、さらに開示によって、当事者が報告書の内容を踏まえて子の状況や心情等を理解し、子の福祉を念頭に主体的に紛争解決に臨むことが望ましいことから、当事者がどのように受け取るかを意識し、特に意見欄においては当事者が解決に向けて意欲的に調停に参加できるように記述には留意が必要である。審判事件においては、裁判官が判断するのに必要な事実を収集し、それらを科学的専門的な知見によって的確に評価し、論理的な意見を作成することが重要である。

　（10）　調査報告書の開示について

　基本的には意見欄も含めて開示の対象であることを前提として作成する（同法 47 条、254 条）。子の調査結果などで、子の利益を害するおそれのある場合などについては非開示となっている。調査報告書提出時点で、非開示事由に該当すると考えられる情報については、別頁に非開示事由及び具体的事情とともに記載し、意見欄の後ろに綴る扱いとする家庭裁判所が多い。

## 〔2〕子の監護をめぐって——実務から

掛　川　亜　季

## I　はじめに

　子の監護をめぐっては、親権指定、子の監護者指定、面会交流（交流のあり方）を含め、近時激しく争われる事案が多い。

　子の利益を最も優先的に考慮（民法 766 条 1 項）するとされるが、現実には実務の中でどのように子の利益が判断されているのか必ずしも明確ではなく、それが子の利益にかなった判断・手続経過であったか否かの事後的な検証（調査研究）も十分になされていないように思われる[1]。

　この点、国連子どもの権利委員会による日本の第 4・5 回統合的報告書に関する総括所見[2]（2019 年 2 月 1 日採択）においては、子どもの最善の利益が特に家族紛争等において、適切に統合されかつ一貫して解釈されているわけではないこと、司法機関や行政機関及び立法機関が、子どもに関連するすべての決定において子どもの最善の利益を考慮しているわけではないことを指摘している（パラグラフ 19）。

　本稿では、子どもにとって早期に葛藤状態を解消し、環境を確保することの重要性と同時に、大人の時間軸、都合で紛争解決が長期化し、子どもの権利侵害となっていないか、改善の余地はないかを、いくつかの事例を通して検討したい。なお、事例についてはプライバシー保護の観点から、現実の複数の事案

---

1)　父母の離婚を経験した子どもに対する調査研究として、日本加除出版編『未成年期に父母の離婚を経験した子どもの養育に関する全国実態調査とその分析』（日本加除出版、2021）が最近公表されたが、家庭裁判所の手続を経て解決に至った事案について、子どもからみた手続の利点欠点や、家庭裁判所の結論が子どもの立場からみたときに子の利益にかなったものであったか否かの実証研究がなされていくことが課題把握につながるものと思われる。

2)　国連子どもの権利委員会による定期審査は、子どもの権利条約第 44 条に基づき各国から同条約実施状況の報告を受け、それに対して委員会が意見を述べるものである。

　第 4・5 回総括所見は以下のとおりである。https://www.nichibenren.or.jp/library/ja/kokusai/humanrights_library/treaty/data/soukatsu_ja.pdf

をもとにし、検討に支障のない範囲で改変を加えている。

## II　監護に関して迅速に裁定されないことにより解決が難しくなった事例

### 1　事例の概要

（1）　別居の開始と監護者指定申立て

　父、母、小学2年生の長男の3人世帯。母は専業主婦であり、長男の養育を主に行っていた。一方、父は会社員として働き、長男とはよく話をしたり遊ぶなど良好な関係であった。

　母が不貞をし、その頃から長男の養育をおろそかにする様子があったが、父は不貞の疑いを感じつつも確信していなかった。そのような中、母は、ある日父に告げずに長男を連れて不貞相手宅に行き同居を始め、父との別居に至った。父は母との関係修復を望むとともに、長男を自らが監護養育することを求めたが、母はいずれも拒否した。また、父と長男との接触を恐れて、長男を小学校に登校させなかった。

　父は、長男の監護者指定の審判と同保全処分の手続を申し立てた。

（2）　審理経過

　申立後2週間程度で本案及び保全処分の第1回期日が開かれた。

　しかし、裁判所は、従前の主たる養育者が母であったことを主たる理由として、母が長男を連れて別居したのちの環境変化や、長男の現在の養育状況について、双方の主張以外検討することもなく、また、独自に長男の状況や意向を調査することもなく、監護者は母となることが当然であるとの前提のもとで、父側に対して保全処分と本案の取下げを求めた。

　なお、当該審理の中で、裁判所からは、父が通る見込みのない監護者指定やその保全処分を申し立てて紛争を激化させたとの趣旨の発言があった。

　父は、保全処分は取り下げたものの、本案は維持し、長男の監護状況について調査官調査を求め、母が長男の登校を再開させたこと、一応長男の養育が適切になされていることを調査報告書により確認し、申立てを取り下げた。

　しかし、母はその後も父に対して長男を面会交流させようとしなかったことから、父は面会交流調停を申し立てた。母が面会交流に応じるようになったの

は別居から半年以上経過していた。面会交流は、母が立ち会うことが条件であった。面会実施時、長男は固い表情で父に接し、最低限のことしか話さず遊ぼうともしない状態であり、複数回交流を重ねても長男の様子に変化は見られなかった。

## 2 検討

### (1) 早期の監護紛争解決の手段の不足

現在の実務では、子がいる親同士が別居状態に至った際に、子とともにいない側の親がそれに不服を持った場合、あるいは、子とともにある側の親が、自らが子を監護養育していくことを早期に確認したいと考えても、迅速に決着をつけることを行い難い運用となっている。

すなわち、審判前あるいは調停前の保全処分が手続としてはあっても、事例のように現実には迅速性に欠ける期日運用であり[3]、別居開始当初に速やかに当面の監護について決定することができない。一方で、迅速を意識してのことであろうが、第1回期日において子ども自身への意向調査や養育状況の調査がされることもないままに、別居前の主たる監護者であるとの理由のみで監護者を即断しようとすることがある。

さらに、同手続の中で、期日指定がされても、保全処分が切り離されて先に審理されることは少なく、本案と同時進行で、すなわち同一スピードで進行していくことが多い。さらに、虐待の恐れがあるなどの緊急性に乏しいと判断されると保全処分は取下げが求められることが通例であるが、本案の結論が出るのは何か月も先となり、その間子どもは自らの監護状態が定まらない不安定な状況が続く。

これは、子どもにとって不安定な時期が数か月単位で続くことについて、その影響を軽視しているものではないか[4]。

別居当初に、迅速な当面の子についての監護養育をどのように行うかおよびそれに付随する事項（子の養育のための費用を含む婚姻費用、面会交流の実施方法など）を決定する仕組みがないことが、その後の紛争状態の激化、泥沼化

---

3) 審判（調停）前の保全処分が申し立てられても、例えば民事保全の仮地位仮処分とは異なり、1週間程度で期日指定されることは通常なく、2、3週間先の期日指定となることが多い。

を招く一因であるように思われる。

（2）　当事者の心情を理解した進行の必要性

　本件では、第1回期日で必要な調査がなされる前に見通しが語られ、さらに裁判所により子の監護者指定を求めた父に対して、あたかもその手続選択をとったこと自体を非難するかに聞こえる発言があった。

　しかし、自身には落ち度なく（本件は母の不貞が原因である）、突如として、子を連れ去られた側の親としては、子の安全が気にかかり、一刻も早く状況を確認のうえで子にとって心配な状況であればその状態を速やかに解消したいと思うのは当然のことであり、かつ、本件のように義務教育課程にある中で登校させていないという現実に子にとって不利益が及ぶ状況がある中で、もし申立てを行わないとした場合にはどのような策が考えられるとしての発言であったのか疑問が残る。

　自力救済は容認されるべきものではない。また、監護者指定は現実的ではないから面会交流にとどめるべきという考えも、面会交流を求めただけでは子の養育状況の調査は迅速には行われ難い状況の下で、一刻も早く状況を確認し改善を願う手段としては適切ではないように思われる[5]。

　裁判所の発言により、父は、裁判所は現状を確認しようともしないで母の肩を持っていると捉えてしまった。また、母は、自身の父への対応を改めなくても監護者は自分で定まるのだから問題はないと誤認し、そのことが面会交流に向けた協議が難航した一因となったと考えられる。

　裁判所は、双方当事者が家庭裁判所の手続にどのような心境で向かっているか丁寧にくみ取ったうえで、迅速性は意識しつつも当事者の納得が得られる進行や言葉選びが必要と考える。

---

4）　本事例に限らず、裁判所が期日指定する際、子の過ごす時間の重みに無自覚と思われることはよく経験する。例えば、手続きの申立てがされたのが春休み中であったのに、第1回期日が4月下旬、調査官調査と次回期日の双方代理人も含めた日程調整の結果、第2回期日が7月下旬（夏休み時期）となるというスピード感は珍しいものではない。しかし、子どもにとっては1学期が過ぎ、生活環境への順応が生じるとともに、その間場合によっては紛争状態に関与させられたままとなる。

5）　前述の裁判所の発言は、他に取るべき手段があると考えてのことと思われるが、協議に応じない相手方に対して自力救済ではなく、法的に正当な手段を用いて事態の打開を図るものであり、少なくとも当事者をこのように非難することが紛争解決に資するものとは思われない。

## Ⅲ　配偶者からの暴力による影響と子の監護

### 1　事例の概要

（1）　別居の開始と法的手続の開始

　父、母、2歳の長女の3人世帯。長女の妊娠を契機に同居、入籍したが、入籍前から母は父からの激しい身体的暴力を受けていた。父は暴力をふるう際には飲酒していることがほとんどであった。また、父は、直近に感情悪化のきっかけがないと思われるときにいきなり激しく怒り出し、怒りに我を忘れて暴力をふるうこともあった。

　出産後も父からの暴力は継続し、また、母のみならず他者に対しても意図的か否かが判別しがたい侮蔑的な言動をすることがあったが、母が父に対してそれを注意しても父は改めようとしなかった。母は、次第に父からの暴力を受けている状況の異常さに気が付き、警察に相談して自宅から長女を連れて逃げ出し、父から身を隠す形で別居を開始した。

　別居後、父は復縁を望み、自ら、また、友人や家族を通じて母に連絡を取ろうと試みた。

　母は、配偶者からの暴力の防止及び被害者の保護等に関する法律（配偶者暴力防止法）に基づく保護命令申立てを関係機関から助言され検討したが、せっかく身を隠しているのに、申し立てることにより父を刺激し、いかなる手段を用いても居場所を探知されるのではないかと恐れ、保護命令の申立ては行わなかった。

　その後、母から離婚を求めて調停を申し立てたところ、父は離婚を拒絶するとともに暴力をふるったことを否定した。父は、長女との面会交流を求める調停を申し立てた。

（2）　その後の経過

　離婚調停については、離婚をめぐり話が平行線となったことから、第2回調停期日で不成立となり、母側から離婚訴訟を申し立てたところ、父側からも反訴提起がされ、離婚の意思はあるが暴力はふるっていないとして暴力の事実を全面的に否定して慰謝料請求に反論するとともに、親権者を父とすることを強

く主張した。審理では、暴力及び暴言の存否を巡って、証拠提出、主張整理に多数回の期日が重ねられたが、その一方で各当事者尋問は行われないままに審理を終結し、父の暴力を認定した一審判決がなされた。父は判決を不服として控訴した。

　なお、原審、控訴審とも和解協議もなされたが、父はあくまでも暴力を振るっていなかったとの主張であり、和解条項においても親権者は母とするものの、面会交流に際して暴力がなかったことを前提とする旨の確認条項を入れることや、宿泊を含む直接交流の形での面会交流を条項とすることを求めたことから、母はこれに応じることができず折り合いはつかなかった。

　控訴審において各当事者尋問が行われ、父による母に対する複数回の暴力が認定された。父は、判決を不服として上告及び上告受理申立てを行ったが退けられ、高裁判決が確定した。当初離婚調停から離婚成立までに4年が経過していた。

　面会交流調停に関しては、母は、長女にとっての父の存在の大切さは理解し、いずれ父と長女との直接の交流を行うことが望ましいと考えていた。しかし、現時点では母が父からの激しい暴力に起因する心身の不調に悩まされていること、その中で長女が幼少であるため、面会交流の実施にあたってはその送迎及び面会前後の長女の情緒面を含めたケアも妻が担う必要があることから直接の交流はできないと主張した。父は母の暴力主張を否認するとともに、あくまで直ちに直接交流を行うことを主張した。その結果、審判移行し、提出証拠を元に一定の暴力の存在を前提として3か月に1回、写真の送付とともに、長女の成長の様子を伝えることとする間接交流の審判がなされた。

　間接交流審判がなされてから1年も経たない離婚訴訟（第一審）が継続中の時期に、父は再度、面会交流調停を申し立て、長女との直接交流を求めた。母は、父の暴力に起因すると思われる心身の不調は改善されておらず、むしろ長期間にわたり離婚の問題が解決されないがその主たる原因は父の暴力の否定によると受け止め、訴訟に対応するために何度も暴力を受けていた当時の状況を思い出さざるを得ず、不眠やうつ状態など、心身に大きな影響を与えていること、本調停手続においても同様に父は暴力を否定し続けているが、何度も調停手続に出頭しなければならないことによる収入の減少も含め、心身および母や

長女の生活にとって多大な負担であることを訴えた。

　一方で、長女は父に対して肯定的な感情を有していることは母も認めるところであり、慎重に状況を整えながら家庭裁判所内において長女と父との試行的面会交流が実施された。

　その後、民間の適切な面会交流調整・立会いの支援者を得ることができ、離婚訴訟の高裁判決前の時期に、当該支援者の立会いの下、3か月に1回程度の面会交流を実施することの調停合意が成立した。高裁判決は、面会交流に関してこの調停合意を前提として、面会交流に関して調停合意と同内容の判決とした。

　調停合意後、母は、調停合意を遵守して面会交流を実施していたが、離婚訴訟の上告却下から3か月後、父は、長女との面会交流の頻度をあげることを求めて再度面会交流の調停を申し立てた。

## 2　検討

### (1)　配偶者暴力の影響査定のあり方

　心理的支配を目的とする暴力の場合に、非対等な力関係が家庭内で作られ、加害者からのコントロール状況に陥った相手方当事者（被害当事者）が抑圧状況から回復するのには時間を要する。このように、心理的支配を目的として身体的暴力を含む言動をとった加害親に関しては、その危険性や関係性回復に時間を要することは一定程度理解がされるようになってきた。

　一方、「悪意はない」が自身の思い通りにならない場合や、突発的に思い出した怒りに我を忘れて暴力をふるってしまう[6]、あるいは、アルコール依存などで暴力をふるってしまい、後に自身がどのような暴力をふるったのかを覚えていないケースもある。

　加害側には罪悪感がなく（そもそも記憶にない場合は当然そのようになるであろう）、他方親あるいは第三者により暴力があったと指摘されると「一方的に悪者扱いされている」などと被害感をもってしまうこともある。あるいは暴力をふるったとしても、独自の捉え方で、その前までのエピソードで自身が被

---

6)　何らかの障害が疑われる当事者もこのようなケースの場合には存在する。

害を受けたのであるから、自身のほうが被害者であると考えてしまうこともある。このようなケースでは、事実関係の確定に困難を伴うことがあるうえ、暴力があったと考えられても、心理的支配の場合とは異なり「(そういうタイプの人なのだから)悪意はない。もう離れたのだし何が怖いのか」との対応になりがちである。

　しかし、暴力を振るわれた側は、暴力を受けたことの恐怖は拭い難い。心理的支配を意図するものではなかったとしても、暴力あるいは無意識のうちに発せられる加害者の言動により傷ついており、ときにはうつ状態になっていることもあるが、そのことに対するケアは置き去りにされている。

　また、被害を受けた側は、それまでの加害者との同居生活の中で感じ取った怒りの再燃性、執拗さ、無意識にでも子どもを傷つけてしまうことへの危惧などが拭えない。

　その不安を訴えても受け止めてもらえないことで、自分の考えがおかしいのか、敏感すぎるのか、と、さらに被害側が傷つくことになり心理的なダメージを重ねて受けることになりかねない。このような不安は、暴力をふるってしまう側に発達障害などが疑われる場合には、過去のフラッシュバックが生じやすくその際には過去の体験が眼前のもののように感じられる、他者の気持ちを推し量ることが苦手であるといった特性と合わせて考えると合理的な根拠があるものであり、軽視されるべきではない。

　近時、発達障害を有する当事者とパートナーになった他方当事者が抱える困難に目が向けられるようになり、関連書籍も刊行されるようになってきた。家事事件において、長期間紛争が継続するケースの中には、正式な診断がされていないとしてもこのような障害疑いや、あるいはその傾向が強い当事者とそのパートナーが一定割合いるように思われる。家庭裁判所調査官に限らず、子の監護に関する事件にかかわる方々には、このような当事者及び家族の実情を理解することは、事案の適切な解決にとって必須に思われる[7]。

---

7)　マクシーン・アストン『アスペルガーと愛　AS のパートナーと幸せに生きていくために』（東京書籍、2015）等、パートナーとの良好な関係を作るためのタイトルのものも含め、当事者家族の抱える困難や当事者のとらえ方の参考になる。

（2） 暴力の存否に関する認定と調停運営

　事案の概要に記載したとおり、本件では配偶者暴力防止法に基づく保護命令の発令は求めなかった。

　当初の面会交流調停においては、関係証拠の一部および妻の暴力に関する陳述内容をもとに一定の暴力の存在があることを前提認識としていると思われる進行であった。そして、その後なされた面会交流審判では一定の暴力の存在が認定された。

　しかし、夫による再度の面会交流調停の申立てにおいては、訴訟で激しく暴力の有無が争われていることがあったためか、それについて調停ではあったともなかったとも判断できない、との対応となった。これがもし、保護命令が発令されていた場合には果たして同じ対応となったであろうか。保護命令と家事事件手続における認定は別個のものであるとしても、調停申立時に提出を求められる照会票には、保護命令発令の有無や申立予定の有無の記載欄があり、現実に保護命令の有無により調停委員の進行が異なるように実務上感じられる。単に安全管理上の参考情報にとどまらず、実態的には保護命令発令を受けているか否かが心証上大きな影響を与えているのではないかと感じざるを得ない。

　後述のとおり、激しい暴力を受けていた当事者であっても保護命令の申立てを行わないことはしばしばある。

　保護命令発令の有無にかかわらず、別手続で暴力の有無について激しく争われているとしても、調停委員会としては同委員会なりに双方の主張や証拠関係を検討し、暴力の有無の主張が隔たっているために共通理解が進まずに話が硬直化する場合には、暴力の有無に関しての調停委員会の見解を適切に示すことが、時間を浪費しない、すなわち関係当事者の負担を軽減し子どもを紛争状態に長く置かないための調停の運営には必要ではないかとも考える。

（3） 自助努力的発想の弊害

　家庭裁判所調査官は発達上の特徴がある当事者等も意識したうえで当然調査にあたり、あるいは調停に立会するものと解されるが、本事案では、ことに家庭裁判所調査官が、父に何らかの障害があることが疑われることは認めつつ、もう離れているので母に再加害が生じることはない、何が怖くて今も心身の状態が悪い状況が続いているのか、自身でその心身の状態が悪い状況に対して対

処を十分にとっていないのでないか、障害があるらしいことを母も同居期間中から理解しており父がそういう人物であることはわかっているのだから面会の結果長女が傷ついたとしても予測の範囲ではないか、との趣旨の発言をした。この調査官の発言を受けて、母は母の置かれた状況や心情を全く理解してくれない、父は障害があるのだから離婚したとしても母が負担を負うのは仕方がないし、長女が傷ついても防ぎようがないのでやむを得ないと言われていると感じ、母の対応が硬化し、その母の気持ちを立て直し、面会交流への協力体制を築くには多大な労力を要した。

　そもそも母は、暴力をふるわれて心身の不調を生じているのである。一般社会では暴力をふるったらそれは傷害罪ないし暴行罪となる。家庭内の暴力についても刑事事件化されることも段々増えてきた。しかし、本件のように報復を恐れて、刑事事件化はおろか保護命令の申立てすらもためらう当事者は少なくない。激しい暴力、執拗な被害を受けてきた人ほどその傾向は強いように思われる。加害者にアルコール依存や何らかの精神障害、発達障害がある場合であっても、そのことにより母の恐怖感や心身の負担が当然に減じるわけでもない。むしろそのような属性により、通常であれば考えにくい突飛な行動がとられることが現実にありうることとして、恐怖感が語られることも珍しくない。

　このように暴力の被害を受けた側に対して、いわば自助努力で立ち直ることを求め、さらに暴力や暴言を受けたことは相手方の障害に由来するのであるから理解し許容せよ、今後も許容せよと求めることは公正であろうか。

　現在の家庭裁判所の運用では、面会交流について試行面会を行うものの、それは多くとも数回程度であり、傷ついた当事者をケアしたり、加害側に何らかの障害が疑われたとしても、加害当事者に適切な医療的支援を命じることやソーシャルスキルトレーニングを施すシステムはない。調停などで事実上の働きかけがあるとしても十分ではない。また、暴力の被害を受けた側が通院するにも、カウンセリング代や医療費は高額であることが多く、日常生活を成り立たせるために必死に働いている当事者にとって時間および費用を捻出できず、結果として継続的な通院・治療につながらないことはよく目にする。

　裁判所自体、または当事者に費用負担をさせずに十分なケアを提供できるわけではない現状、また、その結果、当事者が自助努力して被害からの回復や加

害相手への対処策を取らざるを得ないことの過酷さに思いを致し、暴力の被害を受けた当事者がさらに傷つくという事態を避けるべく、当事者の心情に十分に配慮した調停運営が求められる。被害を受けた当事者の心身の回復なしには、子どもへの安定した養育環境の維持が困難となり、子の利益にそぐわない結果となる。

（4）　手続そのものがもたらす負担への配慮

本件のように、監護を巡っては紛争が収束せず、何度も家庭裁判所に手続が申し立てられることがある。必要やむを得ず申し立てられるという場合もありうるが、合理的理由がないと考えられるにもかかわらず短期間で申立てがなされた場合、濫用である場合が明らかな場合には、調停をなさずとすることができるであろうが、その判断は一見してはわからず、調停期日を開いて相手方の言い分を聞くという対応となることも多いであろう。

それ自体は制度上やむを得ないものと考えられるが、迅速かつ終局的な解決に向けて相手方当事者の負担（調停期日に出頭するための時間の確保のみならず紛争の場に自らの意思と関係なく何度も立たされ続けることの心理的負担も非常に大きい）を十分に汲んだ調停運営が求められる。

## IV　監護状況に疑問があるが、親権変更がかなわない事案

### 1　事例の概要

父母の間に、3子（3歳ずつ年齢が離れた長女、次女、長男）があり、離婚時は長女および次女が小学生、長男が幼稚園児であった。離婚時、父が親権者となったが、現実には仕事の都合で遠方に居住することになり養育できず、母が監護を継続していた。父は時折子らと面会していた。

その後、父は転職して子らを養育できるようになったとして3子（当時、長女は高校生、次女は中学生、長男は小学生）の引取りを母に求めたが、母はこのまま養育を継続したいとして拒否した。これに対して、父は、ある日、次女及び長男を母に無断で連れていき、以後次女及び長男の養育を開始した。後に次女は自らの意思で母方に戻ったが、長男は引き続き父方で生活した。

母は、3子の親権者変更および面会交流を求めて調停を申し立てた。

　しかし、その手続中、父は、同居していた女性と再婚し、長男と当該女性との養子縁組を代諾により成立させた。そのため、母とともに生活していた長女および次女の親権変更は合意に至ったものの、長男の親権変更は不能となり、長男自身その時点では父方での生活継続を希望したことから、母は定期的な長男との面会交流の取り決めをすることとして、月1回程度の面会交流（母および可能な場合にはきょうだいも含めての交流）が調停合意された。

　母は長男と月1回の面会交流を実施していたが、時折父や養母から、面会交流が長男の情緒を害するなどとして、面会交流の実施を断られることがあった。そのため、母は、その都度裁判所に履行勧告をしてもらったり、それでも奏功しない場合には再度面会交流調停を申し立てて面会が継続できるよう腐心していた。なお、面会の最中に母、あるいはきょうだいと長男との間に特段のトラブルはなく、面会時の母子、きょうだい関係は良好であった。

　長男が中学生となっていたある日、長男は父方を家出して母方に来たが、父が事前に母に長男の家出の事実および捜索願を出していたことを知らせてきていたことから、母は長男を最寄りの警察署に連れていき、長男はいったん児童相談所の一時保護の措置がとられたが、一時保護期間は短期で、その後帰宅したとのことであった。

　それから後、長男と母との面会交流に父が応じなくなったことから、母から父及び養母に対して長男との面会交流を求める調停を申し立てた。あわせて、母は親権変更ができないとしても監護者を自身とするよう調停を申し立てた。しかし、父および養母は、母のもとで生活することはおろか、母との面会が現在落ち着いていない子の情緒を乱すため子の利益とならないとして、面会に応じようとしない。

## 2　検討

### (1)　親権指定の持つ意味と当事者の理解

　離婚当初、母は親権者が父になることについて、子らを現実に育てることができればよいと考えていた。しかし、このように親権者から事実上監護を委ねられていたにすぎない場合、親権者が子を連れていった場合には、その親権者から自らのもとに養育監護を戻すことには大きな困難を伴う。親権者変更とと

もに子の引渡しを求めることが通例であろうが、子が自発的に戻ってきて母との生活を希望したといった事案以外、父が合意することは考えにくく、親権者変更という大きなハードルを越える必要がある。

　本件の母に限らず、離婚後、親権を変更するのには家庭裁判所での手続が必要となることを知らない当事者が多い。これは、離婚時には当事者の協議のみでどちらかを親権者と指定できることから、変更する場合にも同様の簡易な方法でできると考えるためと思われる。

　離婚に際しての親権者を誰にするかを協議するにあたっては、双方当事者に簡単には親権者の変更はできないこと、親権者がなしうる権限及び義務について的確な説明、知識を当事者が得たうえで協議、決定することが望ましく、行政機関等で適切な情報提供がなされることが望まれる。

　さらに、養子縁組は非親権者の同意は不要であり、再婚時に連れ子養子をされた場合には親権変更の手続をとることは、もはやほぼできない（再婚相手に離縁を求めて応じた場合には可能であるが、実際は応じないことが多いであろう）ということを知らない方は多い。この点についても、的確な理解が進むことが望まれる。

（2）　養子縁組の影響

　現行の我が国の法制上は、普通養子縁組の際に、非親権者である実親の同意は不要であるし、通知すらされない。また、いわゆる連れ子養子縁組においては、家庭裁判所の許可手続も不要である。すなわち、非親権者にとっては、自らが預かり知らないところで、また、誰からも養親の適格性が判断されることなく、自身の子に対して大きな身分事項の変動が生じてしまう。

　そして、従前の審判例では、子が養子縁組再婚家庭において養育されている場合、新たな家庭の生活を平穏に送らせる必要があることを主たる理由として面会交流が制限されることもあった[8]。中には確かにそのような考慮が必要な家庭、親子もあるかもしれないが、養子縁組、再婚がされたとしても少なくとも子の意向も聞かずに実親との交流を制約することがされるとすれば、疑問がある。

---

8)　東京高決昭和40・12・8家月18巻7号31頁。

　家事事件手続法下において、子の陳述の聴取等による子の意思の把握が明記され（同法 65 条）、子の意見を聞くことが家庭裁判所実務においてより意識されているように思われるが、実の親との交流を少なくとも子が望んでいるときには、再婚家庭の平穏を害するとの主張やその他の主張がされたとしても子の実親との面会交流は実施する方向で検討されるのが適切であると思われる。

　なお、一定程度の年齢以上の子どもについては、調停あるいは審判手続に子の手続参加を認め、子どもが面会交流の実施の可否や方法などについて、手続の進展を随時把握し、適時適切に自らの意向を表明することができるようすることが必要であると考える 9)。

（3）　児童相談所関与と非親権者の扱い

　本件において、事案の概要に記載のとおり、長男が父方を逃げ出した際に、母は父の捜索願提出の連絡を受けていたことから、いったん父のもとに戻ることを勧め、警察経由で児童相談所の一時保護の措置がとられたが、一時保護期間は短期で帰宅したとのことであった。

　その後、母から父および養母に対して長男との面会交流を求める調停を申し立てたところ、同調停においてなされた調査官調査において、実は家出から帰宅後も、長男と父および養母との関係は不調であり、父からの身体的暴力も見られ、緊張が高まると何度か児童相談所が一時保護をしては自宅に復帰させることを繰り返していたこと、現在は再度一時保護中であり施設入所が予定されていること、しかし長男は母方に行きたいと述べていたことが判明した。

　このように児童相談所が長男の関与を継続していたこと、複数回にわたり一時保護をしていたこと、そして、長男が母方に行きたいと述べていたことは、児童相談所からは母に対して全く伝えられていなかった。母から長男について児童相談所に照会をしても、母は親権者ではないことから答えられないというのが児童相談所の対応であった。

　子をめぐる児童相談所の援助について、少なからぬ児童相談所が親権者の意に反しては、実親や祖父母等の子の親族、関係者に対して調査をしたり、あるいは子どもとの交流ができないように理解している所も少なからずあるが、児

---

9)　前掲注 1) に挙げた総括所見では、子どもに関わる個別の事案で、子どもの最善の利益評価が子どもの参加を得て行われるべきことも指摘されている（パラグラフ 19）。

童相談所の調査内容や子が誰と面会するかについて親権者の同意は必須なものではない[10]。親権者の同意がない限り非親権者に児童相談所が接触しないことは、再婚養子縁組がなされていない事案でも同様に行われていることが多いが、こちらについても同様に特段の支障が見当たらない限り調査や面会の実施について検討されるべきである。

児童福祉法上では、児童の最善の利益が優先して考慮されることが明記されている（同法2条1項）。このことを考えるとき、少なくとも虐待が疑われる親権者が反対したとしても、子が非親権者のもとに行きたいと訴えている場合には、非親権者に対して子どもの一時保護の事実を伝えることや子との交流、引取りの可能性についてなど必要な調査を遂げることは、その子にとっての最善の利益を判断するにあたって不可欠なことではないであろうか。

（4）再婚養子縁組事案における監護者指定

養子縁組により親権者変更の途が閉ざされていることの弊害をせめても緩和するために、非親権者である実親からの監護者指定申立てについては、少なくとも調停は受理されるべきである。審判手続に付すことは、祖父母による監護者指定を否定した東京高等裁判所の審判例[11]以降消極に解されているが、子どもが虐待等不適切な養育を受けている場合に実務上の弊害は大きく、解釈変更ないし立法上の手当が必要に思われる。

（5）子どもの手続参加

本件のように、子どもが親権者との関係不調を起こしており、一定年齢以上である場合には、子の監護をめぐる諸事件については子どもの手続参加を積極的に認め、子どもの意向を家庭裁判所の手続においても顕出させることが子どもの利益確保に必要ではないだろうか。

本件においては、母は、長男の手続参加を求めたが、理由は明示されないままに手続参加は認められておらず、子の意向は家庭裁判所調査官が一度長男と面接を行った結果として提出されたのみである。

しかし、子どもにとってみれば、実親やきょうだいと会えるか否かが話し合

---

10）根ケ山裕子編著『子ども虐待対応法的実務ガイドブック　児童相談所弁護士による実践的対応と書式』（日本加除出版、2020）154頁参照。

11）東京高審平成20・1・30家月60巻8号59頁。

われており、手続参加の可能性があると知れば、希望する可能性は高いものと考えられる。しかし、母は面会できていないためその説明はできず、家庭裁判所調査官、児童相談所から手続参加の可能性について長男に対して説明をされた形跡もない。

　大人が一方的に子どもの手続参加の要否を決定し、制度自体の情報も伝えないことは、子どもの手続参加の可否について最終的には裁判官が判断するものであるとしても、その入り口すら閉ざしているものであって、大きな課題ではないだろうか。

## V　終わりに

　子どもは将来に向けて成長発達する存在である。それとともに、今このときを子どもとして生きている存在である。子どもにとっての時間と大人にとっての時間の認識、意味合いは異なる。

　長期間両親の葛藤状況にさらされることの弊害は家庭裁判所においても強く認識されているが、裁判所の手続において、子どもの時間感覚、子どもにとっての今の大切さを十分に考慮した期日指定、進行がなされているのかが気がかりである。また、当事者の置かれた状況を深く理解したうえでの適切な対応、言葉遣いへの配慮が残念ながら不足したことにより、当事者の態度に影響し手続が長期化することは子の利益の観点からも好ましくはない[12]。

　新型コロナウイルスの感染拡大に伴い多くの家事調停、審判事件の進行が止まり、その間、紛争の直接の当事者ではない子ども達には直接知らされることもなく、長時間司法手続の結論が出ない不安定な立場にさらされた。今後は同様の事態が生じないことを願うが、直接声を上げる手段を持たないことがほとんどの子ども達の生活に、家庭裁判所の手続進行の在り方が大きく影響を与えうる。

　また、適切な迅速性とともに、解決に向けてのプロセスを子どもが把握し、子どもが適切に意見表明できることは子どもの利益の実現に不可欠であると考

---

12)　この点は、裁判所のみならず親の代理人、子どもの代理人といった関与する弁護士も自戒し研鑽を積むべきところと考えている。

える。子どもの手続参加は、段々と事案が増えてきているもの、全体の子の監護事件の件数からみると少ないものと思われる。一定年齢以上の子どもは手続参加（参加が難しい子の場合には十分な子の意思の把握）を行うことにより、子の利益を十分に考慮した解決がされることが望まれる。

## 〔3〕 子の監護をめぐる紛争と「子連れ別居」

石　綿　はる美

## I　はじめに

### 1　様々な問題を抱える子連れ別居

　子の監護をめぐる紛争には、子の監護者・親権者の指定・変更、面会交流、子の引渡し等がある。これらは、広義の「子の奪い合い」と整理されることがある[1]。親の一方又は双方が、実力や欺罔的手段等によって子の身柄を取り合う狭義の「子の奪い合い」のみならず、広義の「子の奪い合い」である子の監護をめぐる紛争に子が巻き込まれることは、子にとって必ずしも利益ではない。また、現在、子の監護をめぐる紛争は件数自体が増加しており、紛争の激化も指摘されている[2]。

　なぜ子の監護をめぐる紛争が激化するのか。様々な理由が考えられるが、実力による子の奪い合いがしばしば行われることに起因するのではないか[3]、という指摘がある。そして、実力による子の奪い合いを防ぐためには、まずは最初の実力による子の移動を認めないということが重要であり、他方の親権者の「同意または裁判所の許可を得ないでなされる一方的な」別居は極力避けるべきであるという[4]。

　本稿では、一方の親権者による、他方の親権者の同意又は裁判所の許可を得ないでされた一方的な別居を、「子連れ別居」と呼び、この問題について検討

---

1)　早川眞一郎「子の奪い合いについての一考察」中川良延ほか編『日本民法学の形成と課題（下）』（有斐閣、1996）1213 頁。

2)　山岸秀彬「子の監護者指定・引渡しをめぐる最近の裁判例について」家庭の法と裁判 26 号 62 頁。

3)　早川・前掲注 1) 1212 頁。早川教授は、その原因として、①実力による子の奪取が、法的な解決手続において不利には働かずむしろ有利に働くこともあること、②全体として十分に実効的な法的解決制度が用意されていないことを挙げる（同・1222 頁）。

4)　早川眞一郎「『子連れ里帰り』の行方」森島昭夫＝塩野宏編『変動する日本社会と法』（有斐閣、2011）168 頁。

を行う[5]。なお、子を連れて出た親権者を「同居親」、残された親権者を「非同居親」と呼ぶ。

　子連れ別居は、実際には、少なからず行われていると考えられるが[6]、事実的にも法的にもいくつかの問題点があろう。

　まず、残された非同居親はその現実を受けいれることが難しかったり、自分が後から連れ去ると違法になるのに子連れ別居は違法ではないのかと憤りを感じたりすることがある[7]。そのため、両親が子の利益のために冷静に話し合い協力をすることが難しくなり[8]、上述のような長く続く子の監護をめぐる紛争を引き起こす。さらに、子の養育に不可欠な婚姻費用分担や養育費等についての話し合いができず、子の養育に影響を与えることもあろう。

　次に、子連れ別居という行為自体が、子の福祉を害する側面もある[9]。子は、同居親の意思により、突然に非同居親と引き離され、住み慣れた場所、知人等との関係性を断たれる[10]。従前の生活環境から切り離されること等により、子に精神的ダメージを与える可能性もあるだろう[11]。

　さらに、法的な問題が生じる可能性もある。第一に、一方の親が、他方の親の同意なく子を連れて別居するという行為は、非同居親の居所指定権を侵害しないのか。第二に、婚姻が継続している限り、原則として親権を共同して行使する必要があるが（民法818条3項本文）、非同居親とともに親権を共同行使しないことが認められるのか。仮に、単独で行使をしていた場合、同居親が単独で行った行為の効力はどのようになるのか。第三に、別居後、監護者の指定

---

5)　なお、夫婦の一方が、他方を自宅から追い出す等して子との交流を絶つ、いわゆる「追い出し別居」も存在する。追い出し別居には、子連れ別居と共通する問題点も存在し、検討が必要な問題であると考えるが、本稿では直接の検討課題とはしない。

6)　榊原富士子＝池田清貴『親権と子ども』（岩波書店、2017）109頁。

7)　榊原＝池田・前掲注6）109頁。

8)　早川・前掲注1）1235頁。

9)　早川・前掲注1）1235頁。

10)　具体的な事案における具体的な子の利益の侵害のみならず、子の奪い合いの連鎖によって生じる、一般的・抽象的な子の利益の侵害が生じる可能性もある（遠藤隆幸「面会交流紛争における『子連れ別居』」月報司法書士579号41頁）。

11)　英国でのインタビュー調査によると、主たる監護者による子連れ別居の場合でも、子の心理的負担は非常に大きい場合があるという（早川眞一郎「ハーグ条約締結5周年記念シンポジウムに参加して」家庭の法と裁判22号154頁）。

をしないまま、同居親が単独で親権を行使することは、非同居親の親権・監護権行使を侵害していることにならないのだろうか[12]。

## 2　子連れ別居が行われる理由

　上記のような問題を内包していながら、子連れ別居はなぜ行われるのだろうか。その理由は様々にあるだろうが、以下の 3 点を指摘したい。

　第一に、別居・離婚後も子と交流するために子を連れて別居することが必要だと考えられていることがある[13]。これは、子の監護をめぐる紛争についての家庭裁判所の実務の実態と関連する。まず、子の監護者・親権者指定の際に、子と同居していると有利になると考えられていることがある。また、面会交流の実施が必ずしも期待できないこと[14]、調停を行うとしても、面会交流調停等に時間がかかる等、子に会えるのに 1 年以上かかること[15]、仮に実施できたとしても低頻度であること[16] などから、一旦子と離れてしまうと、子との交流が十分に行えないことが挙げられよう。さらに、日本では、父母の離婚後は、その一方のみが親権者となることになり（民法 819 条 1–3 項・5 項）、親権を有しない親・子と同居していない親は、子の養育に関わることが難しくなる[17]。

---

12)　子連れ別居は、非同居親の監護権の侵害であり、本来は違法と評価されるべきであるとの憲法学者による指摘もある（井上武史「離婚した父母と子どもとの法的関係」法律時報 93 巻 1 号 98 頁）。

13)　同様の分析から、井上・前掲注 12) 99 頁は、離婚後の親権制度、（低頻度の）面会交流、子連れ別居の問題が相互に関連していると指摘する。

14)　厚生労働省によるひとり親世帯の調査では、面会交流の取決めをしているのは、母子世帯で 24.1%、父子世帯で 27.3% にとどまる。実際に実施しているのは、母子世帯で 29.8%、父子世帯は 45.5%、実施したことがあるのは、母子世帯で 19.1%、父子世帯では 16.2% である（厚生労働省「平成 28 年度全国ひとり親世帯等調査結果報告」63・64・68 頁）。

15)　高取由弥子編集代表『子ども・親・男女の法律実務』（日本加除出版、2019）20 頁〔池田大介〕。

16)　厚生労働省によるひとり親世帯の調査では、月 1 回の実施は母子世帯で 23.1%、父子世帯で 20.0%、月 2 回以上実施しているのは母子世帯で 13.1%、父子世帯で 21.1% となっている（厚生労働省・前掲注 14) 71 頁）。このような実施状況を低頻度と評するかは評価が分かれ得るだろうが、諸外国に比べると、必ずしも頻度は高くない。例えば、フランスでは、標準的な面会交流の実施頻度は、2 週に 1 回の週末と長期休暇の半分であるとされている。

　第二に、子連れ別居を行っても大きな不利益がないと考えられていることがある。この点は、本稿Ⅱ4で詳しく検討するが、子連れ別居を行った者が、子の主たる監護者である場合、子の監護者・親権者の指定の際に、必ずしも不利益に扱われないとされている。また、刑事事件でも、子連れ別居が未成年者拐取罪（刑法224条）に該当するとした公表裁判例は管見の限り存在しない[18]。

　第三に、子連れ別居をせざるを得ない事情がある。家庭内暴力（以下、「DV」という）や虐待に対する支援が不十分な日本においては、非同居親から同居親がDVを受けていたり、子が虐待を受けている場合に、子連れ別居が当事者の救済手段になっている。また、別居前に話し合いをすることで相手方の態度が硬化し、さらなる危険が予見される等の事情もある。「自ら逃げて別居を実現することによって」離婚や当事者の保護が具体化するという、「自力救済を前提とした家族法」[19]の特徴が表れている場面ということもできよう。

---

[17]　現在、離婚後の単独親権制度は違憲であるとする訴訟の提起や立法を求める動きがある（石塚理沙「離婚後の共同親権について」立法と調査427号188頁注7及び191頁以下、井上・前掲注12）98頁）。もっとも、仮に離婚後の共同親権制度を導入したとしても、多くの場合、子は主にどちらかの親のもとで暮らすことになろう。より重要なのは、両親が離婚後にどのように共同して子を養育していくことが可能なのか、どのような養育のあり方が子の利益になるかを検討することであろう。

[18]　別居中の子を連れ去る事案については、国外移送略取罪（刑法226条）又は未成年者略取罪（同224条）の成立を認めた2つの最高裁決定（最決平成15・3・18刑集57巻3号371頁、最決平成17・12・6刑集59巻10号1901頁）の他、いくつかの下級審裁判例が存在する（詳細は、深町晋也『家族と刑法』（有斐閣、2021）137-141頁、144-147頁）。後掲注55）福岡地判令和3・8・5も参照。

　　なお、深町教授は、いわゆる子連れ別居について、拐取罪が成立するかについては、仮に「拐取罪の構成要件該当性を肯定するとしても、違法性阻却の枠組みにおいて、『親権者による行為』又は『家族間における行為』という観点から、一方の親による連れ去りが子の福祉・利益に資するか否かといった点についての精査が必要となる」と指摘し、拐取罪の成否について慎重な検討が必要であることを示唆している（深町・前掲147頁）。

[19]　水野紀子「民法・家族法学から見た離婚後共同親権」日仏文化90号89頁。もっとも、水野教授は、「被害者への支援や援助が圧倒的に足りない現状であっても、原則は自力救済を禁止して、公権力が家族へ介入し、子どもの福祉を見極めて両親間の紛争を解決する方向に一歩でも進めるべきであ」るともいう（水野紀子「公権力による家族への介入」同編『社会法制・家族法制における国家の介入』（有斐閣、2013）179頁）。この原則としての方向性は、可能な限り追求していくべきであろう。

　以上のように、子連れ別居が行われる背景には、家族をめぐる日本法の様々な問題が存在している。

## 3　本稿の検討課題

　本稿では、上記の子連れ別居の問題点・発生原因をふまえて、以下の 3 点を検討する。

　第一の検討課題は、子連れ別居の民事実務上の扱い、具体的には、子の監護者・親権者の指定における扱いを確認することである（Ⅱ）。子連れ別居が行われる理由として挙げられているように、「主たる監護者による子連れ別居は、その後の監護者・親権者指定に不利に働かないのか（むしろ有利であるのか）」ということを確認する。

　第二の検討課題は、子連れ別居が、現行民法の解釈上、どのように評価されるものなのか、子連れ別居時にあるいは子連れ別居後に事実上行われていることに問題がないのかということである（Ⅲ）。仮に何らかの問題が生じる場合、解決のために何が必要なのだろうか。

　第三の検討課題は、子連れ別居を含む「別居」について、何らかの立法的対応が考えられないかという点である（Ⅳ）。この場合、子連れ別居が行われる理由として挙げられる DV や虐待への対応を考慮する必要があろう。

## Ⅱ　監護者・親権者指定と子連れ別居

### 1　監護者・親権者指定の考慮要素

　別居前あるいは別居後は、監護者指定（民法 766 条 2 項・家事事件手続法 39 条・別表第 2 ③類推適用）の申立てが、離婚に際しては親権者の指定（民法 819 条 5 項・家事事件手続法 39 条・別表第 2 ⑧）や監護者の指定（民法 766 条 2 項、家事事件手続法 39 条・別表第 2 ③）の申立てが、家庭裁判所に行われる[20]。監護者・親権者の指定は、子の利益に基づき判断すべき（民法 766 条 1 項後段）とされている[21]。具体的には、様々な考慮要素を総合考慮しているとされるが、次のようなものであると整理することができよう[22]。

　まず、父母側の事情としては、①主たる監護者、②監護の継続性、③監護能

力（年齢・性格・健康状況、家庭環境（経済力・就労状況・同居家族）、居住環境、保育あるいは教育環境、監護補助者の状況など監護態勢[23]）、子に対する愛情、監護意思、暴力[24]や虐待の有無、④監護開始の違法性、⑤面会交流についての許容性（フレンドリー・ペアレント・ルール）、⑥申立ての真摯さ（復縁や恨みなど他の目的の有無）などがある。また、子の側の事情としては、⑦子の意思[25]、⑧子の年齢、性別、心身の発育状況、⑨従来の養育環境への適応状況、⑩監護環境の継続、⑪環境の変化への適応性、⑫父母及び親族との

---

20) これらの申立てに加えて、非同居親から同居親に対して子の監護に関する処分として子の引渡しが求められることがある（別居時は民法766条類推適用又は752条、離婚後は766条）。子の引渡しを求める方法としては、その他に①親権に基づく妨害排除請求（民法820条）、②審判前の保全処分（家事事件手続法105条）、③人身保護請求がある。各手続については、山口亮子「子の引渡し（監護紛争）の解決手法」二宮周平編集代表『現代家族法講座　第2巻』（日本評論社、2020）343頁以下、362頁以下など参照。

21) 平成23年民法改正で、民法820条に「子の利益」のために親権を行使することが明記される以前から、親権者指定の基準としては、もっぱら「子の利益」を第一に判断されていた（中山直子「親権者（監護者）指定基準の再検討及び離婚後の共同親権（監護）に向けての一考察」沖野眞已ほか『比較民法学の将来像』（勁草書房、2020）48頁）。もっとも、当初は「判断基準」であったのが、改正により「考慮要素」に変更されたとの指摘もある（許末恵『「拐取罪を巡る比較法的・沿革的分析」に対する民法からのコメント（1）」法律時報91巻4号113頁）。

22) 梶村太市ほか『家族法実務講義』（有斐閣、2013）171頁〔榊原富士子〕、二宮周平編『新注釈民法（17）』（有斐閣、2017）〔棚村政行〕340頁以下等。

　なお、家庭裁判所による判断過程がブラックボックス化しているとの指摘もあることから、2019年11月から商事法務研究会で開催されていた家族法研究会の報告書では「家庭裁判所が子の監護をすべき者を定める場合、又は父母の裁判上の離婚に際して親権者を定める場合の考慮要素を明示する規律を設けること」が提案され、考慮要素が列挙されている（家族法研究会「家族法研究会報告書」130頁以下）。また、別居時の監護者指定について、同様の提案が、2021年3月から開催されている法制審議会家族法制部会において行われている（法制審議会家族法制部会「部会資料7」17頁）。

23) 監護補助者の有無は監護態勢の判断で一定程度重視され、主たる監護者であっても、監護補助者がないため、監護態勢が十分でないとされることは相当あるとの指摘もある（松本哲泓「子の引渡し・監護者指定に関する最近の裁判例の傾向について」家月63巻9号24頁）。

24) 一方の親による相手方に対するDVの存在は、子に対する虐待とは異なり総合考慮の一要素であり、DVの存在により、直ちに監護者・親権者になることができないわけではない（打越さく良「DV被害者の代理人から見た実務の現状と課題」家庭の法と裁判16号53頁以下、橘高真佐美「日本における監護権・面会交流・DVとハーグ条約」大谷美紀子＝西谷祐子編著『ハーグ条約の理論と実務』（法律文化社、2021）275頁）。

25) 概ね満10歳以上の子については、その意思が尊重されるという（中山直子「子の引渡しの判断基準」判例タイムズ1100号183頁）。

情緒的結びつき、きょうだいとの関係などが挙げられている。

これらの多様な考慮要素を比較較量する際に、何を重視するかということが問題になる[26]。現在では、①主たる監護者、②監護の継続性、⑤面会交流についての許容性、⑦子の意思にほぼ集約されている[27]、との指摘もある。

監護者・親権者指定の考慮要素や裁判例の検討については多くの先行文献があることから[28]、詳細な検討はそれらに譲り、本稿では、子連れ別居に関連する①主たる監護者、②監護の継続性（子の側から見ると⑩）、④監護開始の違法性について検討する。

## 2　主たる監護者

主たる監護者とは、子を出生時から継続して適切に監護し、子の精神的かつ身体的なニーズを満たす存在としての適格性を備えた者[29]である[30]。子と主たる監護者との間の情緒的な交流や精神的つながりは子の健全な成長のために不可欠[31]であり、両親の別居後も、子の精神的安定を図り、その影響をできるだけ少なくするためには、主たる監護者による監護を継続するのが重要である[32]ことから、考慮要素とされている。

主たる監護者は、原則的に重視される要素として機能するものではなく、考慮すべき要素の一つに過ぎないとすべきとの指摘もある[33]。主たる監護者で

---

26)　考慮要素の変遷については、中山・前掲注 21) 48 頁以下。

27)　中山・前掲注 21) 54 頁。

28)　山岸・前掲注 2) 62 頁及び同論文が紹介する各論文、山口・前掲注 20) 355 頁、その他本稿で引用している文献など。

29)　中山・前掲注 21) 52 頁、松本・前掲注 23) 5 頁。

30)　このことから、数量的に見て一方が主たる監護者といい得たとしても、愛着関係においては父母に差がない場合に、他の考慮要素を含めて検討し、他方の親を監護者として指定した裁判例もある（山岸・前掲注 2) 75 頁）。

31)　これは愛着理論ないしアタッチメント理論として精緻化が試みられているという（山岸・前掲注 2) 75 頁）。

32)　松本・前掲注 23) 5 頁以下。

33)　松本・前掲注 23) 6 頁、山口・前掲注 20) 357 頁。なお、子の監護に関する処分の審判・調停を本案とする審判前の保全事件に関して、同様の指摘をするものとして、朝倉亮子＝小堀瑠生子「子の仮の引渡しを求める審判前の保全事件における保全の必要性について」ケース研究 328 号 196 頁。

あることをあまりに重視すると、育児を母親が行うことが多い現状では、母親優先と同じではないかという疑問もあろう。

その一方で、最近の実務においては、主たる監護者が誰か、同居中に主たる監護を担っていた者が誰かということが、決定の重要な要素になっているのではないか[34]、とも指摘されている。

主たる監護者であることが考慮される理由が、子との情緒的なつながりを重視することにあると、子との接触時間の長短や、家事分担の多寡等の量的側面だけではなく、監護の内容や子との関わり方等の質的側面についても考慮する必要がある[35]。家庭裁判所調査官による調査が重要になる考慮要素であるが、調査官の感覚では、どちらが主たる監護者かが問題になることは、それほど多くないともいう[36]。

## 3　監護の継続性

監護の継続性については[37]、子の出生からの監護の継続性を判断するのか、父母の別居後の監護の継続性を判断するかが問題になる。つまり、監護の継続性は、子の出生時からの監護者との情緒的結びつきを重視する「監護者との継続性」と「監護環境の継続性（現状の尊重）」に区別できる[38]。現在の実務では、別居中の子の生活の継続と監護の継続が子の生活の安定に資するという考えから、「監護環境の継続性」、つまり別居後の監護の継続性を判断している[39]。

---

34)　山岸・前掲注2) 75頁、池田清貴ほか「座談会—子の引渡しをめぐって」道垣内弘人＝松原正明編『家事法の理論・実務・判例4』（勁草書房、2020) 63頁以下〔佐野みゆき発言〕。

35)　松本・前掲注23) 7頁。

36)　池田ほか・前掲注34) 66頁以下〔鈴木裕一発言〕。なお、主たる監護者がいずれかが決しがたい事案については、山岸・前掲注2) 68頁以下。山岸裁判官によると、このような場合、監護開始の違法性が、判断を分けるポイントになった事案もあるという。

37)　この考慮要素については、1974年にジョセフ・ゴールドシュタインらの「継続性のガイドライン」が紹介されたことが実務に大きな影響を与えたとされている（中山・前掲注21) 49頁以下）。

38)　中山・前掲注25) 183頁。そのうえで、中山裁判官は、①子の就学前は出生時からの監護者との継続性、②子の就学後は、監護者との継続性に加えて監護環境の継続性、③子が中学生になって以降は、子の意思の尊重を、それぞれ重視すると整理できるのではないかと指摘する（中山・前掲注21) 51頁）。

39)　山口・前掲注20) 358頁。

　かつては、監護者・親権者の指定において、重視されることが多かった考慮要素でもある[40]。しかしながら、監護の継続性の重視は、単なる現状追認であり、結局、子と長く一緒にいることが重要であるということになり、子連れ別居や物理的な子の奪い合いが誘発される[41]。また、別居により子の生活の継続性が断絶されることの問題意識を有するべきであるとの指摘もある[42]。

　そこで、現在では、違法な奪取により始まった監護については、必ずしも監護の継続性としては評価をしないこともある[43]。さらに、監護の継続性は、子が年長である場合等、主たる監護者との精神的なつながりよりも、子の現在の交友関係を継続することが好ましい場合等に重視するものと限定的に解されているという[44]。

## 4　監護開始の違法性

　監護開始の違法性は、監護者・親権者指定の際に、消極的要素として考慮される。違法な連れ去り行為によって有利な地位を獲得することは違法行為を助長させる結果となり、また、法律や社会規範を無視する者は監護者・親権者としての適格性を疑わせるからである[45]。

　監護者・親権者としての適格性判断における重要な事情であるとの指摘もあるが[46]、監護者・親権者の指定は、過去の事実のみを認定して法的評価を下すのではなく、将来を予測して、子の健全な成長を促す親はどちらかを後見的に判断するものであることから[47]、実力による奪取という過去の一事実をと

---

40)　梶村ほか・前掲注22) 171頁以下〔榊原〕、山岸・前掲注2) 75頁以下。

41)　梶村ほか・前掲注22) 171頁以下〔榊原〕、二宮周平『家族法〔第5版〕』(新世社、2019) 115頁。

42)　山口亮子『日米親権法の比較研究』(日本加除出版、2020) 248頁。

43)　梶村ほか・前掲注22) 173頁〔榊原〕、山口亮子「国内的な子の奪い合い紛争の解決と課題」二宮周平=渡辺惺之編著『離婚紛争の合意による解決と子の意思の尊重』(日本加除出版、2014) 193頁。もっとも、後記4で確認することと関連するが、ここでいう「違法な奪取」には、子連れ別居は必ずしも含まれない。

44)　松本・前掲注23) 17頁、山岸・前掲注2) 76頁。

45)　松本・前掲注23) 27頁。

46)　梶村ほか・前掲注22) 173頁〔榊原〕。もっとも、紛争が長期化し、違法な奪取後の期間が長引き、監護の継続性や子の意思を優先せざるを得なかった事案もある(同174頁)。

47)　中山・前掲注25) 182頁。

らえてこれを決定的なファクターにすることはできない[48]。

違法性が認められる典型的な場合は、一度父母の別居が行われた後に、面会交流中に子を無断で連れ去る、調停や審判、あるいは当事者間の合意を無視して無断で連れ去る、同居親に対して暴力をふるって実力で子を奪うような場合である[49]。子連れ別居は、相手方の暴力等から逃れるための別居である場合は違法とされない[50]。また、それ以外の場合も、必ずしも違法であるとは判断されず[51]、特に主たる監護者による子連れ別居の場合は、別居の事情、他方の親の同意の有無、別居の際の手段やその後の面会交流の許容性などを考慮して違法か否かが判断される[52]。

では、なぜ、子連れ別居は違法とされないのか。理由の第一は、主たる監護者が子をおいて家を去ることは難しい[53]、当然のことである[54]、場合によっては子をおいて家を出ることは適切ではないと考えられていることがある[55]。主たる監護者が子を置いて出ることが、一律に問題があるとされるかどうかはともかく、他方の親が不在である状態で幼い子を置いて出ることは、児童虐待防止法上の監護の放棄（同法2条3号）や刑法上の保護責任者遺棄罪（刑法218条）に該当する可能性は否定できない[56]。第二に、DVや児童虐待に対す

---

48) 早川・前掲注1) 1217頁・1237頁、松本・前掲注23) 28頁。
49) 梶村ほか・前掲注22) 173頁〔榊原〕、二宮・前掲注41) 116頁、松本・前掲注23) 28頁以下、山口・前掲注20) 361頁。
50) 山口・前掲注20) 361頁。
51) 松本・前掲注23) 30頁以下。
52) 山岸・前掲注2) 66頁。
53) 二宮・前掲注41) 120頁。
54) 例えば、大阪高決平成17・6・22家月58巻4号93頁は、主たる監護者が、「別居するに際して、今後も監護を継続する意思で、未成年者とともに家を出るのは、むしろ当然のことであって、それ自体、何ら非難されるべきことではない」とする。同決定も含め、同様の判断をする裁判例について、早川・前掲注4) 148頁–150頁。
55) 刑事事件であるが、福岡地判令和3・8・5公刊物未登載は、「別居に当たって、主として子を監護してきた親権者が子を置いて去ることが子の養育上適切なやり方とは考えられず」、子連れ別居が「違法な犯罪行為になるとは考え難い」と指摘する。同判決は、非同居親が、面会交流の際、子を自宅に連れ去り、未成年者誘拐罪（刑法224条）の成立が問題になった事案である。福岡地裁は、そもそも同居親の子連れ別居が未成年者誘拐罪に該当し、被告人の行為は違法な状態からあるべき状態への回復を図ったものであるという被告人である夫の主張に対して、上記のような判断をした。

る公的支援が必ずしも十分ではない日本において、DV や虐待の被害者にとって、子連れ別居は危険から逃れる唯一の手段になっている[57]。

　違法とされないのが、上記の理由であるならば、主たる監護者でない者による子連れ別居は違法とし得る余地があるとも考えられるが、そのような場合も、子連れ別居は、必ずしも違法とはされていないという[58]。もっとも、最近では、主たる監護者ではない者による「子連れ別居」について違法・不当としている審判例もある[59]。

## 5　小括

　以上、子の監護者・親権者指定における考慮要素のうち、子連れ別居に関連するものを概観した。

　まず、子連れ別居は、主たる監護者ではない者によるものも含めて、監護開始の違法性があるとは評価されない傾向にある（上記 4）。そのため、子連れ別居を行っても、不利に扱われることは少ない。

　次に、子連れ別居を行っていることが有利になるのか。現在では、監護の継続性は、決定的な要素にならず（上記 3）、子連れ別居を行い、子と一緒にいることが直ちに有利になるわけではない。もっとも、主たる監護者が誰かを重視するのであれば、主たる監護者が子を連れて別居した場合には、結局は、主

---

56)　児童虐待防止法の監護の放棄に該当する可能性を指摘するものとして、榊原＝池田・前掲注6）110 頁。

57)　佐藤千恵「子の引渡しに関する審判前の保全処分および人身保護請求の新たな役割についての検討」中京学院大学経営学部研究紀要 23 巻 48 頁。

58)　松本・前掲注 23）31 頁。

59)　横浜家横須賀支審平成 28・11・9 公刊物未登載（LEXDB:25545289）は、「相手方は、共同で監護していた未成年者を、申立人の同意なく、予期できない時期に突然、一方的に連れ出し、所在さえ明らかにしなかったものであり、このような相手方の連れ去り行為は、申立人の監護権を著しく侵害するものとして違法というほかない」とする。

　また、千葉家松戸支審平成 30・8・22 判時 2427 号 30 頁は、「申立人が相手方に何ら説明なく未成年者を連れて計画的に相手方と別居し、未成年者を同居中の主たる監護者であった相手方及び住み慣れた生活環境から引き離した上、未成年者の所在を相手方に告げず、面会もさせなかったことは不当である」とするが、「申立人も同居中から一定程度未成年者の世話を分担していたことも踏まえると、監護者が指定されていない状況下において、申立人が別居に当たり未成年者を連れて自宅を出たこと自体の違法性の程度が極めて高いとまではいえ」ないとしている。

たる監護者が監護者・親権者に指定されることになろう。

　ここで、主たる監護者と監護の継続性の関係について確認をしておきたい [60]。主たる監護者の監護状況、監護態勢、子の心情・意向等に問題がなく、現状でも監護をしている場合は、現状を維持し、主たる監護者が監護者・親権者に指定される傾向にあるという。それに対して、主たる監護者でない者が別居後一定期間子を監護している場合、主たる監護者の過去の監護に問題がなく、引取態勢が整っている限り、原則として、主たる監護者へ引渡すという方針が取られている [61]。

　このような実務を前提にすると、子連れ別居を行った結果、主たる監護者が監護者・親権者に指定されるのは、子連れ別居を行い監護の継続性があるからではなく、別居前から（子の出生時から）子を監護し、子との間に情緒的なつながりを有していることに由来するということになろう。もっとも、外形的に見た際には、子連れ別居を行ったことが不利に働かないばかりか、有利に働いているようにも見え、また、様々な考慮要素を念頭に置いた場合に、確実に別居・離婚後に子と別居・離婚前と同様の生活・交流を続けるためには、子連れ別居が「有効な手段」だと考えられる可能性も否定できない。少なくとも、現状の実務の運用は、主たる監護者の子連れ別居を抑制する方向に働くものでないことは指摘しておきたい。

## Ⅲ　子連れ別居と親権の共同行使

### 1　婚姻中の親権の共同行使の原則と子連れ別居の関係

　Ⅱで検討したように、監護者・親権者指定の際に、主たる監護者による子連れ別居は違法とは解されていない。しかし、子連れ別居には、民法上、何も問題がないのだろうか。

　子連れ別居が行われる時点で、夫婦が婚姻状態にあるならば、父母は原則として共同して親権を行使する必要がある（民法818条3項本文）。そうすると、Ⅰ1でも言及したように、子連れ別居には、民法上、次のような問題が生じる

---

のではないだろうか。

　①子連れ別居は、非同居親の同意なく行われることから、同居親のみが居所指定権（民法 821 条）を行使しており、非同居親と共同して行使していないのではないか。同居親が単独で行使できるのだとすれば、それはなぜなのだろうか。②別居後、監護者・親権者の指定をせず、非同居親と子の養育について連絡を取らない場合、本来は、共同して親権を行使すべきであるのに、共同して親権を行使していないことになるのではないか。③別居後、監護者・親権者の指定をしないまま、また、別居について非同居親の同意がないまま、同居親が単独で親権を行使していた場合、非同居親の親権・監護権の行使自体を侵害していることにならないのだろうか。

　特に、①と②の問題は、民法 818 条 3 項本文で定められている、婚姻中の父母の親権の共同行使がうまくいかない場合に、どのように父母が対応すべきかという問題に関連すると整理できよう。そこで、以下、本稿では、この問題意識から、①・②の点について、民法の規定及び学説を踏まえ、検討したい。

## 2　共同行使をしなくてはいけない場合

　旧民法においては、「子ハ其家ニ在ル父ノ親権ニ服」し（同 877 条 1 項）、母が親権を行使するのは、父が死亡したときなどであり（同条 2 項）、親権行使は父母の一方のみが行うものとされていた。戦後、民法 818 条 3 項で「親権は、父母の婚姻中は、父母が共同して行う。ただし、父母の一方が親権を行うことができないときは、他の一方が行う。」と規定され、父母の婚姻中は親権は原則として共同で行うものとされた [62]。

　民法 818 条 3 項本文は、婚姻中の父母の親権の共同行使の原則を定めたものである。共同して行使するとは、「子の監護教育、財産管理、子の法律行為の代理や同意など、親権の内容の行使が、父母の共同の意思によって決定されること [63]」であると一般に解されており、子に関する事項について共同して決定をすることが求められる。「共同決定」とは、父母の共同名義による場合の

---

62)　民法 766 条、818 条、819 条の起草過程を検討するものとして、許末恵『親権と監護』（日本評論社、2016）。

63)　於保不二雄＝中川淳編『新版注釈民法（25）〔改訂版〕』（有斐閣、2004）31 頁〔岩志和一郎〕。

みならず、一方の同意があれば父母の他方が単独名義で行ってもよく、同意は黙示のものでもよい[64]。また、居所指定権も親権の一内容であることから、共同して行使することが原則となる。

　もっとも、民法818条3項ただし書は、「父母の一方が親権を行うことができないとき」には、例外として、親権の単独行使を認める。具体的には、法律上行使できない場合として、親権の喪失・停止、辞任等、事実上行使できない場合として、行方不明、長期旅行、重病、心神喪失、受刑等が挙げられている[65]。

　では、夫婦関係の破綻や別居の場合は、例外として親権の単独行使が認められる場合に該当するのだろうか。学説は、破綻・別居の事実から直ちに親権の共同行使ができない場合にあたるとすべきではなく、緊急性や必要性、子の利益なども考慮に入れ、個々の事情に応じて判断するべきであるとする[66]。下級審裁判例では[67]、父母の婚姻関係が事実上破綻し、子と別居状態にあり、連絡が取れない状況であった場合について、単独行使を認めるものもある[68]。それに対して、母が子を連れて別居した後、離婚の調停を申し立て、両親は離婚については同意したものの、双方が子の親権の帰属を争っているという事案において、母が親権を行使できないことを理由として、父が子と父方の祖父母との間の養子縁組について単独で代諾をしたことは、離婚訴訟中で対立関係にあり、しかも、争いの眼目は親権者指定にあった事情のもとでは、法律上も事実上も親権を行うことができない状態ではないと判断したものもある[69]。

　以上のような議論状況を踏まえると、子連れ別居時に当然に親権の単独行使が認められる、また、別居後も当然に単独行使が認められるとは、必ずしもい

---

64）　最判昭和32・7・5裁判集民27号27頁、於保＝中川編・前掲注63) 31頁〔岩志〕。

65）　於保＝中川編・前掲注63) 33頁以下〔岩志〕。

66）　於保＝中川編・前掲注63) 34頁〔岩志〕、清水節『判例先例親族法Ⅲ』（日本加除出版、2000) 46頁、松岡久和＝中田邦博編『新・コンメンタール民法（家族法)』（日本評論社、2021) 169頁〔常岡史子〕、松倉耕作「事実上の離婚と単独代諾縁組の可否」判例タイムズ543号140頁以下。

67）　判例・裁判例の分析について、小谷眞男「夫婦の別居と『親権共同行使の原則』」社会科学研究（東京大学社会科学研究所) 49巻1号37頁以下、松倉・前掲注66) 140頁。

68）　東京地判昭和37・7・17下民集13巻7号1434頁。

69）　東京高判昭和59・4・25判時1116号68頁。

えないであろう。事実上の離婚の場合は、単独行使ができるという見解もある
が、そこでいう事実上の離婚とは、夫婦が離婚の合意をして別居し、両者の間
に夫婦共同生活の実体が存在しないが、離婚の届出がない場合であり[70]、子
連れ別居において、非同居親に離婚の意思がないような場合には、必ずしも該
当しないだろう。そのため、上記1②の問題との関係では、子連れ別居後に、
同居親が単独で親権行使をすることに法的な根拠を与えるためには、監護者指
定の申立てを行い監護者に指定されるか、非同居親から単独行使についての同
意を得る必要があるだろう[71]。なお、別居時に監護者指定が行われた場合、
監護者が親権を行使することになるが、監護者に指定されなかった親権者の監
護権は停止又ははく奪されるのか、監護者の監護権を害しない範囲で親権・監
護権を行使できるのかは、議論がある[72]。

## 3　共同行使ができない場合の対応方法

　二人の親権者が共同して決定しなくてはいけないにもかかわらず、単独で親
権を行使してしまった場合、その行為の効力はどうなるのか。また、共同で決
定できない場合、事前に調整をする方法はあるのか。

### （1）　事後的な対応方法

　一方の親権者が他方の親権者の同意を得ず、単独で親権行使を行った場合、
当該行為の効力はどのように考えられているのだろうか。一般に、a. 身上監
護の事務（子の保護・養育に関わる様々な日常的な行為も含む）、b. 親権に基
づく法定代理権の行使、c. 子の行為への同意の3つに分けて、次のように説明
される[73]。

　a. 身上監護の事務については、日常の監護行為のように軽微なものについ
ては父母が単独で行うことができる[74]。それに対して、身上監護の重大な事
項については、父母の一方による単独親権行使は親権の濫用となるおそれがあ

---

70)　我妻栄『親族法』（有斐閣、1961）134 頁以下、327 頁。

71)　もっとも、親権が子に対する義務である側面を考慮すると、当事者間の合意によって、別居
　　後の同居親の親権行使に包括的な同意を与えること、言い換えれば、非同居親が親権行使を放棄
　　することが可能なのかは、それ自体、検討が必要な課題であろう。

72)　山口・前掲注 20) 352 頁以下。

73)　於保＝中川編・前掲注 63) 31 頁以下〔岩志〕。

る[75]。また、一方が独断で不当な監護行為をしたときは、他方は共同親権に基づいて差止請求ができる[76]。

b. 親権に基づく法定代理権の行使については、父母の一方が他方の同意なく共同名義で代理行為をした場合は、民法825条が適用される。父母の一方が他方の同意なく単独名義で代理行為をした場合は、無権代理行為になり、他方親権者の追認がない限り、効力が生じない（民法116条）。また、相手方に権限があると信ずべき正当な理由があるならば表見代理の成立の可能性がある（民法110条）。

c. 子の行為への同意についても、父母の一方が他方の同意なく共同名義で同意した場合は、民法825条が適用される。父母の一方が他方の同意なく単独名義で同意した場合は、同意は無効となり、追認がない限り子の行為は取り消し得る（民法5条1項・2項、120条1項・122条）。

bcの場合は、民法の条文に従った問題の解決ルールが提示されているが、親権者による親権行使の大部分を占めるであろうaについては、その解決ルールが明確ではない。一定の範囲では、単独で行使ができると考えられているが、何が「軽微」なのかは必ずしも明確ではない。子の日々の食事や服装を決めることは軽微であろうが、進学先や転校先を決めること、居所を決定することは軽微とは必ずしもいえないであろう。

子連れ別居時に、同居親が単独で親権行使をする場合は、aの問題が生じ、別居後に、監護者・親権者の指定や非同居親の同意を得ることなく単独で親権を行使している場合は、a〜cの問題が生じる。子連れ別居以降、事実上、親権を単独で行使する場合はあるだろうが、そこでなされている行為の効力は、必ずしも安定したものではないことは確認しておく必要があろう（上記1②）。

なお、居所指定権の行使は、身上監護の重大な事項であると考えられることから、上記の検討からも当然に単独行使が認められるということにはならない

---

74) 松坂佐一「父母の共同親権」中川善之助教授還暦記念家族法大系刊行委員会編『家族法大系V』（有斐閣、1960）38頁以下、我妻栄『改正親族・相続法解説』（日本評論社、1949）113頁。

75) 於保＝中川編・前掲注63) 31頁以下〔岩志〕、松岡＝中田編・前掲注66) 169頁〔常岡〕。

76) 松坂・前掲注74) 39頁、中川善之助編『註釈親族法（下）』（有斐閣、1952）43頁〔山木戸克己〕。

（上記 1 ①）。ただし、同居親自身も居所指定権を有していることから、理論的には単独行使の緊急性・必要性や子の利益を考慮したうえで、単独行使が親権濫用に該当するのか、差止めの対象になるかが考慮されることになるのだろう。Ⅱで検討したように、実務において主たる監護者による子連れ別居が当然には違法とはされていないことは、この点との関係では一定の合理性があろう。

## （2）　事前の調整方法

　父母の意見が一致しないが、親権の単独行使を避けようとした場合、父母はどのような対応をすることが可能なのだろうか。日本法は、父母の意見が一致しない場合の調整のための規定を設けておらず、法の欠缺であるとの指摘が古くからある[77]。学説では、どのように解釈をするのかにつき、以下のように様々な見解がある[78]。

　まず、①父母の意見が一致しない場合、親権行使ができないとする見解がある[79]。この見解の中には、このような場合には、親権を行使させない方が、子の保護になると考えているものもある[80]。また、②当事者の自然の解決に委ねるとする見解もある[81]。もっとも、これらの見解は、問題の解決のための積極的な指針にはならないであろう。

　これに対して、一定の場合には、単独行使を認める見解もある。もっとも、どの範囲で単独行使を認めるかは、必ずしも一致していない。まず、③一方の意思が客観的に判断して子の利益のために必要不可欠なものであるときは、他

---

77)　我妻・前掲注70) 326頁。もっとも、立法時にもこの問題は認識されていたが、「意見が一致しなかったら父にするかというようなことがあって、そういうめんどうくさいことをというので、わざわざそこを全然書かなかった」という（我妻栄編『戦後における民法改正の経過』（日本評論社、1956) 166頁以下〔奥野健一発言〕）。なお、起草過程については、許・前掲注62) 182頁以下及び262頁以下も参照。

78)　以下の整理は、於保＝中川編・前掲注63) 32頁以下〔岩志〕、國府剛「親権」星野英一編代『民法講座7』（有斐閣、1984) 245頁以下、松川正毅＝窪田充見編『新基本法コンメンタール・親族〔第2版〕』（日本評論社、2019) 233頁以下〔白須真理子〕等による。

79)　青山道夫「改正民法と親子関係」法律タイムズ2巻4号15頁、國府・前掲注78) 245頁、中川編・前掲注76) 30頁以下〔舟橋諄一〕。

80)　小澤文雄「民法の応急的措置に関する法律」法律時報19巻5号56頁。

81)　奥野健一「改正民法要綱について（下）」法律新報735号41頁。我妻は、実際には、父の専権に母が忍従するか、母も意見を主張し父の同意がないために子のために何等積極的な行為ができないという結果になるだろうと指摘する（我妻・前掲注70) 326頁）。

方の意思に反しても単独行使を認める見解がある[82]。より広く単独行使を認めるものとしては、④子を哺育・監護し教育するという事実上のことに関しては、単独で親権行使ができるが、重要な身上監護や財産管理に関する行為については親権濫用の危険性から単独行使を否定する見解がある[83]。また、さらに広く、⑤a.親権を子の身上を支配することを内容とする所有権的な性格を有するものと、b.財産の管理並びにそのための代表権に分けたうえで、a.身上監護に関するもの、つまり、監護教育懲戒、これらが侵された場合の幼児引渡請求などは共有者と同じように各自がこれをなし得るが、b.財産管理や代表行為については、民法825条があるものの、相手方が悪意の場合を考えると、意見不一致の場合は、当該行為については消極的になるべきとする見解もある[84]。

　上記の見解と排他的なものではないが、⑥現行法下でも、夫婦の協力義務（民法752条）の問題として、家庭裁判所に調停・審判の申立ては可能であるという見解もある[85]。同様に、居所指定権についても、夫婦の見解が一致しない場合、家庭裁判所による調停・審判の対象とすべきとの見解がある（家事事件手続法39条・別表第2①あるいは③）[86]。

　以上のように、学説は、父母の意見が一致しない場合に、当然に親権者の一

---

82)　笠原喜四郎「親権の共同行使─特に共同行使が崩れたときについて」日本法学17巻2号137頁。その根拠は次の3点である。①児童福祉法2条2項で、保護者は「児童を心身ともに健やかに育成することについて第一義的責任を負う」とされており、常に子の利益の増進のために行動することが必要であり、両親の意思が一致しないからといって親権を行使させないということは、条文の趣旨に反する。②民法825条は、子に不利益なものであっても、取引の相手方の保護のために単独行使を認めているのであるから、子の利益になるものであれば、当然に単独行使でも有効であると解される。③民法1条を根拠に、父母はそれぞれ同一内容の親権を有しており、その行使が一致しないということは、どちらか一方が親権を濫用しているか、双方とも親権の内容に反している。後者の場合は、親権行使とならないので問題にならず、前者の場合は、濫用している親権者を無視して親権行使を行ってよいと考えられる（そのうえで、法律構成としては、事務管理が成立とする）。

83)　於保＝中川編・前掲注63）33頁〔岩志〕、我妻・前掲注74）113頁以下。

84)　谷口知平「親権」中川善之助他編『親子』（酒井書店、1957）296頁。

85)　國府・前掲注78）247頁。その他にも、子どもの人生において継続的な影響をもたらすような重要事項（宗教的教育や職業選択・営業許可等）について、民法819条5項を類推適用して、父母の一方に親権行使を認める審判ができるとの見解もある（高橋朋子ほか著『民法7〔第6版〕』（有斐閣、2020）190頁以下〔床谷文雄〕）。

方が親権を単独で行使ができるとは必ずしも考えていない。もっとも、子の利益・必要性を考えると一定の範囲で単独での行使を認める必要があるとの見解が有力であるが、その範囲については必ずしも一致していない。

　（1）で言及したことと共通するが、子連れ別居後に、父母の意見が一致しない場合（実際に相談はしていないが一致しないことが予想される場合も含む）に、子の監護に関する行為のすべてについて、当然に同居親が単独で親権を行使ができると解することはできないであろう。⑤の見解に立たない限り、子の進学・転校や居所など重要な事項について親権を行使したい場合は、⑥の見解に従い家庭裁判所に調停・審判を申し立てるか、当事者間の意見の一致を図る必要があろう。もっとも、個々の事項について、家庭裁判所に調停・審判を申し立てることは当事者にとっては負担になるであろうし、子連れ別居に至るような両親間で意見の一致をみることは難しいであろう。そうであるならば、別居後、速やかに監護者指定の申立てを行い、両親のいずれかが単独で親権を行使し得ることを明確にすることが、子の利益のために必要であろう。

## 4　小括

　日本法には、父母が親権を共同行使しなかった場合の規定は民法 825 条以外なく、意見が一致しなかった場合の事前調整方法についても規定がなく、法の欠缺の状態であるといえよう。1 で指摘した子連れ別居の①②の問題は、その法の欠缺と関連するものである。

　まず、子連れ別居は、各事案によるが、当然に親権の単独行使が認められる場合（818 条 3 項ただし書）ではない。①の問題に関していえば、共同行使が必要な場合は、子連れ別居自体が、居所指定権の単独行使に該当する。居所指定は子にとって重要な行為であると考えられることから、その行使態様によっては親権濫用に該当する可能性もあろう。もっとも、子の利益を考えた場合に、主たる監護者による子連れ別居が当然に親権濫用となるかは議論があるところであろう。主たる監護者による子連れ別居を当然には違法としていない現状の実務の運用にも一定の合理性はあるといえよう。

---

86）　松岡＝中田編・前掲注 66）185 頁以下〔常岡〕、能見善久＝加藤新太郎編『論点体系判例民法 10〔第 3 版〕』（第一法規、2019）〔中村恵〕444 頁。

②の問題についても、共同行使が必要な場合に、子連れ別居後、監護者・親権者の指定をせず、非同居親と子の養育について連絡を取らずに、単独で親権を行使しているのであれば、共同行使の原則に反していると評価されることがあるだろう。学説は、子の利益のために一定の範囲で単独行使ができることは認めている。別居後も、例えば高校や大学の入学手続など、子の利益のために、非同居親の同意が得られなくても親権を早期に単独行使しなくてはいけない場面はあるだろう。もっとも、どの範囲で単独での親権行使が認められるのかは明確ではなく、単独で行った行為の効力は不明確なものである。

そうであるならば、繰り返しになるが、子の利益のために、別居後は、早期に代理人を通じて連絡を取るなどしながら、監護者の決定をし、親権を単独で行使し得る法的な根拠を明確にすることが必要となろう。

## Ⅳ　子連れ別居に対する立法的対応の可能性

### 1　立法的対応の必要性

Ⅲで検討したことから明らかなように、子連れ別居をめぐるⅢ1①②のような問題が生じる背景には、民法の規定の欠缺がある。そのため、問題をできるだけ根本から解決するために、立法的な対応をすることも考えられよう。

子連れ別居が行われた後、監護者・親権者の指定が行われていない場合、同居親の事実上の親権の単行行使を認めることには十分な根拠がなく、同居親の行為の効力も不明確なものであり、結果として子の利益のためにならない、という子連れ別居の問題点を重視するのであれば、少なくとも別居後速やかに監護者指定を行い、親権行使の態様が法的に明確になるような方向での立法が考えられよう。

また、そもそも子連れ別居が子に与える影響が大きいこと（Ⅰ1）、子連れ別居という行為自体が、居所指定権という子に重要な影響を与えるものが単独で行使されている場面であること（Ⅲ1①の問題）の問題を重視するのであれば、子連れ別居を可能な限り抑止する方向での立法も考えられよう。

## 2　考えられる方向性

考えられる大きな方向性は次のようになるのではないか。まず、$\alpha$.別居前あるいは別居後に何らかの対応（原状回復／子の監護（監護をする者、親権行使の態様）についての合意・決定）を求める。そして、$\beta$：DV や虐待がある場合における異なる対応を認めるということになろう。

$\alpha$ の具体的方法としては、次のようなものが考えられよう。

$\alpha 1$：子の監護状況に変更を生じさせる別居は（家庭裁判所等の）許可を必要とする[87]。これは、子連れ別居の抑止と、別居後の親権行使の態様の明確化を目的とする。

$\alpha 2$：相手方の同意・家庭裁判所の許可がない別居の場合には、別居後、相手方の申立てがあれば、原状回復（具体的には子の引渡し請求をシステマティックに認める）を行う[88]。これは子連れ別居の抑止を重視する方法であろう。

$\alpha 3$：別居時に、別居すること及び子の監護について、当事者による合意をし、合意ができない場合には、家庭裁判所で定めるという方法も考えられよう。当事者の合意によることを認める点で $\alpha 1$ よりも柔軟な方法であり、子連れ別居の抑止、別居後の親権行使の態様の明確化を目的とする方法と整理できよう。

$\alpha 4$：別居開始後（できるだけ早く）、子の監護について当事者による合意をする。合意ができない場合には、家庭裁判所で定めるという方法もあろう。これは、別居後の親権行使の態様の明確化を目的とする方法であろう。

$\alpha 3$ 及び $\alpha 4$ の方向性を示すものとして、2019 年 11 月から開催されていた

---

87）　早川・前掲注 1）1243 頁。

88）　早川・前掲注 1）1231–1232 頁、1236 頁以下。なお、早川教授は、制裁も選択肢となり得るが、本質的に不可能であることを指摘する（同・1236 頁以下）。

　　また、早川教授は、現行法の解釈論として、ハーグ条約の枠組みを参照しつつ、子連れ別居を含む子の奪取があった場合には、原状回復をするということを提唱する（早川・前掲注 1）1242 頁、同「子の引渡しをめぐる実体法上の問題」論究ジュリスト 32 号 78 頁以下）。子の連れ去りがあった場合は、人身保護法に基づき原状回復を行い、監護のあり方の判断は家庭裁判所が行うことを目指すものである。ある者のもとで監護状態にある子を、別の者が、法的な手続によらずかつ監護している者の同意を得ずに、別の監護状態に移すことは、原則として人身保護法 2 条の「拘束」になり、規則 4 条の「顕著」性があり、元の監護者に返還することになる。返還を命じると子に重大な危害が及ぶことが明白である場合等は、顕著性の要件を欠くなどとして、返還を命じないということになるという。

家族法研究会の次のような提案がある。同研究会は、「両親が別居をするときは、別居開始まで又は別居後速やかに、①子の監護をすべき者、②父又は母と子との面会及びその他の交流、③子の監護に関する婚姻費用の分担その他の子の監護について必要な事項を、両親の間の協議又は家庭裁判所で定めることとする規律を設けること」の更なる検討を提案している[89]。

　次に、β：DV や虐待があった場合の対応方法についてどのように考えていくべきであろうか。まず、$\alpha 1$ を採用する場合、加害者を現状の住居から退去させ、被害者を守るという形での DV・虐待対応が不十分な現状においては、裁判所の許可のない別居を認め、別居後に、裁判所において子の監護等について定めることを求めることが考えられよう。$\alpha 2$ の場合、原状回復を行うことは避けるべきであり、別居後の子の監護等についての定めは、裁判所において行うことを求めることになろう。$\alpha 3$ の場合も、別居前に当事者に合意等を求めることは難しいことから、同様に、別居後、裁判所において子の監護等について定めることを求める。$\alpha 4$ の場合は、DV・虐待を行っている相手方への住所等の伝達方法等に工夫をしつつ、裁判所において子の監護等について定めることを求めることになろう。いずれにしても、DV や虐待がある事案について、裁判所が関与することは不可欠であろうし、これらの事案を適格にスクリーニングできることも求められよう。

　特に、子連れ別居を抑止する方向性を有する $\alpha 1 \sim \alpha 3$ を採用する場合には、DV や児童虐待などの問題に公的機関が迅速かつ適切に介入すること、裁判所の人的・物的資源の充実も不可欠であろう[90]。子連れ別居の抱える様々な問題を解決することを考えると $\alpha 3$ のように別居前に何らかの対応が行われることがよいようにも考えられるが、原則として別居前に様々な対応を求めることで DV や虐待の被害者が逃げることをためらい、重大な被害が生じる可能性を考えると、$\alpha 4$ が妥当な方向性かもしれない。

---

[89]　家族法研究会・前掲注22）129頁。また、法制審議会家族法制部会においては、「認知の時や、婚姻中の父母の別居時についても、子の監護について必要な事項の取決めを確保する規律の在り方を検討する」ことが提案されている（法制審議会家族法制部会・前掲注22）16頁）。

[90]　早川・前掲注4）168頁、早川・前掲注88）80頁。

## 3　さらなる検討課題

　2で検討したような方向での立法をする際には、さらに検討すべき課題があろう。

　第一に、「別居」をどのように定義していくのかという点である[91]。単身赴任等、夫婦の同意があり、将来的には別居の解消（同居）が予定されている別居の場合まで、2のような対応を求めることは必要ないだろう。子連れ別居や追い出し別居が典型的な例であると考えられるが、夫婦の関係が破綻し、離婚を前提として行われる別居をどのように定義していくのかという問題があろう[92]。また、「別居」という概念を民法に導入することで、嫡出推定制度や離婚制度など民法の他の制度にどのような影響を与えるかの検討も必要であろう。

　第二に、離婚に比べて不明確な概念になる別居が行われた際に、2で検討したような対応を取ることを当事者に求めるならば、当事者が当該対応をとっていない事案を、どのように扱うのか。制度の実効性を高めるためには、別居前・別居後に当事者間の合意をしていない、裁判所にも申立てを行っていないことを、監護者・親権者指定において消極的に考慮する一要素とすることも考えられよう。もっとも、そのことでDVや虐待の被害者に不利益が生じないように配慮することは必要であろう。

　第三に、特に α1〜α3 の方法を採用する場合に重要な問題になってくると考えらえるが、DV・虐待があり慎重な対応が必要な事案に該当するということを、どのように判断していくのかという問題もある。例えば、配偶者からの暴力の防止及び被害者の保護等に関する法律（以下、「DV防止法」という）に基づく保護命令の発令の有無は基準としては明確かもしれないが、それを唯一の判断基準としてよいのだろうか。実際には、相手方を刺激することを恐れるなどして、被害者が保護命令の申立てをしないことも多いという。このことは、配偶者暴力相談支援センター等への相談件数に比べて、DVの保護命令の

---

91)　家族法研究会・前掲注22）128頁以下。

92)　嫡出推定制度の検討等を行っている法制審議会・民法（親子法制）部会においても、別居後に懐胎された子について嫡出推定制度の例外を認める余地がないか議論されているが、別居概念の定義について様々な議論がなされている（同「部会資料17」12頁以下、「部会資料18-1」17頁以下）。

件数が少ないことからも推測されよう [93]。

第四に、別居に関してのみならず、より進んで、父母が親権の行使について合意できない場合の調整規定を置くことも考えられよう。確かに、家庭裁判所に紛争解決を求めざるを得ない事態になれば、実際上は、父母の婚姻関係は破綻していることが多く、別居時の監護者指定及び離婚時の親権者の決定という形で紛争を処理するほかない、という考えもあり得る [94]。しかしながら、（数は少ないかもしれないが）特定の事項についてのみ父母の意見が一致しないという場合もあり得るし、子の利益のためには、父母の意見の不一致により親権が行使されない状況が生じること、やむを得ず単独で行使した行為の効力が不明確になる状況が生じることは避けるべきである。立法論としては、裁判所が紛争事項について決定をするか、裁判所が決定権者を決定するということが考えられよう [95]。

## V　おわりに——今後の検討課題

以上、子連れ別居について現在の実務の運用、法的な問題、考えられる立法的対応について、不十分ながら検討した。両親が円滑に親権の共同行使を行うことができない場面についての規定が準備されていない現行民法において、子連れ別居を一律に違法であるということはできないが、主たる監護者による子連れ別居も含めて不適切な居所指定権の単独行使と判断される場合もあるだろう。今後は、不適切として親権濫用や差止めの対象になる範囲を明確化していく必要があろう。また、監護者・親権者指定が行われることなく、同居親が事実上、親権を単独行使している状況は、単独行使を行い得る法的根拠が不明確であり、子にとって好ましい状況ではない。現行法の解釈においても、少なくとも別居後迅速に、監護者の指定を行うなどして子に関して責任をもって決定

---

93）　令和元年度の配偶者暴力相談支援センターへの相談件数は、119,276件、実人員は74,257件、警察への相談件数は82,207件であるのに対して、保護命令の申立てが認容されたのは1,591件にとどまる（内閣府男女共同参画局「配偶者暴力相談支援センターにおける相談件数等（令和元年度分）」）。

94）　内田貴『民法Ⅳ〔補訂版〕』（東京大学出版会、2004年）236頁。

95）　於保＝中川編・前掲注63）33頁〔岩志〕。

を行う主体を明確化するとともに、養育費や面会交流のあり方など、子の養育に関する事項について決定をすることが望ましいだろう。さらには、立法的な対応も考えられよう。

　最後に今後の検討課題について言及したい。

　まず、本稿の検討対象は、民法にとどまったが、この問題を根本的に解決するには、様々な分野についての検討が必要であろう。子連れ別居をはじめとする子の奪い合いの問題について、より実効的に対応していくためには、民事執行法などの執行手続との関係や、刑事法[96]との協働についても検討する必要があろう[97]。フランスでは、子の監護をめぐる紛争について、民法と刑法が協働している[98]。また、そもそも子連れ別居が行われている理由の一つに、DV や虐待を受けている被害者が、現在居住する住居にとどまり、加害者を被害者から引き離す十分な方法がなく[99]、被害者が逃げざるを得ないという状況もある。DV や虐待への対応方法についても、被害者の保護のためにさらなる制度を検討する必要があろう。

　次に、本稿では、子連れ別居後、正当な理由なく同居親が単独で親権を行使することが、非同居親の親権・監護権の行使を侵害していることにならないかという点（Ⅲ 1 ③の問題）については、検討ができなかった。この点について、2 点指摘したい。

　第一に、審判例の中に、主たる監護者ではない親による子連れ別居について、非同居親の「監護権を著しく侵害する」としたものがある[100]。ここでは「監

---

96) 親による子の奪い合いの問題も含め、諸外国の拐取罪について検討するものとして「拐取罪を巡る比較法的・沿革的分析 1〜14」法律時報 89 巻 11〜91 巻 11 号がある。

97) この点を明確に指摘するものとして、水野・前掲注 19)「公権力による家族への介入」173 頁以下。

98) 例えばフランスでは、他の親権者の親権行使態様に影響を与える転居については、適時に通知しなくてはいけないとされているが（民法典 373–2 条 4 項）、住所の不告知行為は刑事処罰の対象になる（刑法典 227–6 条）。詳細は、拙稿『『拐取罪を巡る比較法的・沿革的分析』に対する民法からのコメント（2）」法律時報 91 巻 4 号 118 頁以下。

99) 現在、保護命令において、加害者に退去を求めることができるのは 2 か月に限定されているが（DV 防止法 10 条 1 項 2 号）、この退去命令について、被害者が居住を継続できるように強化すること等の対応が必要であろう。打越・前掲注 24) 49 頁以下、長谷川京子「安全は最優先の子どもの利益」梶村太市ほか編著『離婚後の子どもをどう守るか』（日本評論社、2020）168 頁。

100) 横浜家横須賀支審平成 28・11・9・前掲注 59) 参照。

護権」が、主たる監護者に優先的に認められると解されている可能性もあり、実際に監護を行っていることと監護権の関係等検討すべき課題があろう。一般論としては、主たる監護者でない親による子連れ別居のみならず、主たる監護者による子連れ別居も、子連れ別居が監護権の侵害に該当する可能性があり、侵害しないとするならばその理由を明確に示す必要があろう。

第二に、国際的な子の奪取の民事上の側面に関する条約（以下、「ハーグ条約」という）においては、子の移動・留置に際して、子の居所を定める権利も含む他方の親の監護の権利[101]（ハーグ条約5条a）が侵害されていることを、「不法」としている（ハーグ条約3条1項）。移動・留置した者に監護権があっても不法であることには変わりがなく、父母がともに共同監護権を有しているときに、一方が他方から子を連れ去った場合、その移動は、「不法」になる[102]。「不法」な移置・留置が行われた場合は、原則として子を元々居住していた国（常居所地国）に返還することになる。①子が一方の親の都合により国境を越えて移動・留置されることは、異なる言語や文化環境での生活を余儀なくされ、子に有害な影響を与えると考えられること、②子の監護に関する紛争は常居所地国で解決することが望ましいことから、子の利益のために、子連れ別居を含む移動・留置を「不法」として、子を常居所地に返還するという原則を採用する[103]。

ハーグ条約が対象とする国境を越えて生じる子の奪い合い紛争と国内の紛争は、子に与える影響が必ずしも同じではないことから、当然に同様に考えるべきであるとはいえないかもしれないが、上記の2点を踏まえると、日本法において、子連れ別居・別居後の単独での親権行使が非同居親の監護権を侵害するとして違法となる余地はないか、同居親に不法行為責任が成立する余地はないかということを、検討する必要はあるだろう。

＊本論文は、日本学術振興会科学研究費補助金（2019年度基盤研究（c）

---

101)　より詳細には、早川・前掲注1）1230頁以下。

102)　早川・前掲注1）1228頁。

103)　金子修編集代表『一問一答・国際的な子の連れ去りへの制度的対応』（商事法務、2015）21頁。

「家事事件の実務的課題からアプローチする実体法理の再構築」（課題番号：19K01392））による成果の一部である。

## 第2章　学界の動向

大　村　敦　志

## Ⅰ　はじめに

　相変わらず世界を覆っているコロナ禍は、家族の安心・安全をも脅かしている。医療や教育など様々な領域において高齢者や子どもの日々の暮らしにかかわる諸問題が、コロナの火によってあぶり出されているとも言える。この先、家族法学の観点からこうした問題に取り組む論稿も現れてくることだろう。

　本欄は、一方で、若い世代の研究を取り上げること、他方で、隣接領域への架橋を図る研究を重視することを旨としてきたが、今期目についたのは、中堅・大家の論文集であった。山口亮子『日米親権法の比較研究』（日本加除出版、2020年3月）、青竹美佳『遺留分制度の機能と基礎原理』（法律文化社、2021年2月）、新井誠『成年後見制度の生成と展開』（有斐閣、2021年3月）などであるが、いずれも単なる論文集ではなく、著者がこれまで取り組んできた研究を集大成する準モノグラフィー的な著書である。このことは目次を一覧しただけでも明らかであろう。それぞれ親権・遺留分・成年後見という家族法・相続法に関する重要テーマにつき包括的な検討を行うものであり、各領域での基本文献として参照されることになるだろう。これらが学界に対する大きな貢献であることは言うまでもないが、現在、立法や実務に携わる方々にとっても有益な情報・示唆が含まれているはずである。

　なお、若手の作品としては、待ち望んでいた木村敦子「法律上の親子関係の構成原理―ドイツにおける親子関係法の展開を手がかりとして（1–16）」論叢167巻1号～187巻6号（2010-20）が完結したが、詳細な検討を行う余裕がなかったため、この大作の紹介・検討は（関連の論文とあわせて）次回に持ち越したい。ほかに、実務家の作品として稲田龍樹『家事調停協議論』（信山社、

2021 年 5 月）にも接したが、これについても次期に（別の文脈から）取り上げることにする。

## II　後ろ向きに考える

亡くなった評論家の坪内祐三に『後ろ向きで前に進む』というタイトルのエッセイ集があった。薬学や工学の領域では、「レトロスペクティブ・スタディ」だとか「リバース・エンジニアリング」などといった言葉も使われているようである。法学においては解釈論にせよ立法論にせよ、将来に向けてあるべき規範の提言がなされてきた。特に、近年は民法改正が頻繁になされることもあって立法論的な研究が増えつつある。もちろん、そうした研究は有益であるが、あわせて、できあがった新法を将来に向けて解釈するのではなく、過去に遡って適切に位置づける「後ろ向き」の立法研究も必要であろう。

そのような研究として、西希代子「日本遺留分法の誕生—継受法からの脱却」曹時 72 巻 1 号がある。著者は、「遺留分制度の再検討（1-10）」法協 123 巻 9 号～125 巻 6 号（2006-08）で知られるこの分野の第一人者であるが、その学識を基礎にして、2018 年の相続法改正における遺留分制度の改正の意味を解き明かすことを試みている。著者は「この改正及びその過程に、我々は、日本遺留分法の、良くも悪くも軽やかな、大胆とも華麗ともいうべき、堅固な遺留分制度の沿革・体系、そして母法フランス法の呪縛からの脱却を見ることができる」と述べ、これを「継受法としての日本遺留分法が、その固有法化への道を歩み始めた瞬間」と評し、「その計り知れない歴史的意義」を論文の主題に据えている（同論文 2-3 頁）。すなわち、「遺留分権の金銭債権化を中心とする遺留分法改正の意義及び位置づけを明らかにするとともに、今後の課題を検討することを通して、継受法としての遺留分法及び継受法学としての遺留分法学から卒業することの意味を考える手がかりとしたい」（同 7 頁）とする。著者は、改正の背景事情を広く視野に入れた上で、法制審議会民法（相続関係）部会での審議に対して検討を加え、フランス法の動向なども踏まえつつこの改正の位置づけを図る。著者が「フランスの改正後の状況は、改正時にその歴史的意義が意識されたか否かはともかく、比較法的にも、客観的にも、実は

どれほど大きなものであったかを教えてくれる。着目すべきは、そのような改正が、日本自らの問題意識と視点で、沿革・体系にも、『母法フランス法』にも、特定の史観にも依拠せずに行われたことである」（同 60 頁）と述べていることが、とりわけ注目される。そして著者は、この新しい遺留分法は「良くも悪くも、自由な、純粋に現在の日本社会または実務にとって便宜な法の追求を許すことになった。…現状追認になりかねない姿勢は危険でもある。柔軟である反面、依るべきものがない不安感もある」（63 頁）との認識に立ち、「沿革・体系及び史観の呪縛から解放された日本法が、自由の獲得と引き換えに失った安定感を取り戻す基礎としての遺留分制度の存在意義の確認」が必要であると述べる（67 頁）。

　著者は遺留分制度の「存在意義」についての見解も提示しているのだが、ここで注目したいのは、その内容ではなく以上に見てきた議論の仕方である。改めて言うまでもなく、この四半世紀、民法典は大きく姿を変えている。判例法の展開も含めて「平成民法」が登場しつつあるとも言ってよいが、先行する明治・昭和の民法典とは異なり平成民法は、社会からの（より具体的には実務界や関係団体からの）短期的な入力に敏感な、ある意味では流動的なものとなっている。また、著者も触れているが、少なくとも一部においては原理よりも政策に傾斜していることも否定しがたい。こうした状況は、著者の言葉を借りるならば、「良くも悪くも」現代日本の民法のあり方を特徴づけている。このように、いわば全体として「前のめり」の改革が進みつつある中で、進行中の改正の意味を深く掘り下げることは容易なことではない。歩きながら（必要に応じて立ち止まって）考える必要があることはもちろんであるが、著者が行ってみせたように、「後ろ向き」に考えることの効用は大きい。改正法に至る過去を振り返ることを通じて、私たちが直面している法の変化を意味づける（マクロな「解釈」を行う）ことは、新法をよりよいものとして育てていく上でも重要な意味を持つ作業であると言えよう。

　もっとも、こうした作業を行うには一定の見識（対象に関する知識・関連知識の蓄積及びその中から適切なものを引き出して組み合わせる能力の涵養）が必要であり、若手研究者が第一論文においてこれを行うことは期待しにくい。しかし、中堅研究者には、著者に続き、このタイプの研究をぜひ試みていただ

きたい。たとえば、田中宏治「ドイツ相続法における代償財産」千葉大学法学論集 35 巻 1・2 号などは、このタイプのものとして位置づけることもできる。著者は長年にわたり代償請求権に関する研究を続けてきたが（同『代償請求権と履行不能』〔信山社、2018〕）、上記論文は相続法改正によって新設された「遺産の分割前に遺産に属する財産が処分された場合であっても、共同相続人は、その全員の同意により、当該処分された財産が遺産の分割時に遺産として存在するものとみなすことができる」（新 906 条の 2 第 1 項）という規定を、代償財産という文脈で捉えなおそうというものだからである。中堅の財産法研究者の参入を促すという意味も込めて、紹介しておく。

## Ⅲ　全体を振り返る

　必ずしも「後ろ向き」というわけではないが、日本で発達したいわゆる「講座もの」「全集もの」には、その領域の既存の知見を集大成し、コンパクトにまとめて読者に提供するという機能がある。法学の世界でも、戦前、日本評論社が刊行した『現代法学全集』をはじめ多数の講座もの・全集ものが刊行されてきた。『現代法学全集』が法科大学の市民への開放をスローガンに掲げたように、講座もの・全集ものは読者層として専門家以外の人々をも想定する形で刊行されてきた。この点も「良くも悪くも」日本の法文化の大きな特徴である。

　こうした観点から見たとき（広義の）「家族法」は、「財産法」に比べて「講座もの」の対象にしやすいと言える。法学に限らず、様々な観点から「家族」にアプローチするとなれば、読者層はさらに広がることになる。そのためか、家族・家族法に関しては、これまでに何種類もの講座ものが刊行されてきた。個人的な体験に即して言うと、私が聴いた家族法講義は 1981 年度の星野英一教授の講義であったが、先生は初回に参考文献として「講座もの」を列挙された。その際にあげられたのは、『家族問題と家族法』（酒井書店、全 6 巻、1957–61）、『家族法大系』（有斐閣、全 5 巻、1959–60）、『講座家族』（弘文堂、全 8 巻、1973–74）、そして、当時刊行中の『家族―政策と法』（東京大学出版会、全 7 巻、1975–1984）、全巻が刊行されたばかりの『現代家族法大系』（有斐閣、全 5 巻、1979–80）だったかと思う。その後も『講座現代家族法』（日本評論社、

全 6 巻、1991-92)、『新家族法実務大系』（新日本法規、全 5 巻、2008）が刊行
されている。学際的な『シリーズ変貌する家族』（岩波書店、全 8 巻、1991-
92)、手続法に関する『講座実務家事審判法』（日本評論社、全 5 巻、1988-90)、
部分的なテーマを取り上げた『遺言と遺留分』（日本評論社、全 2 巻、2001-
03）なども含めれば、このリストはさらに長くなる。

　この中で、『家族法大系』は 1950 年代の、『現代家族法大系』は 1960-70 年
代の、そして、『講座現代家族法』は 1980 年代の家族法学をそれぞれ総括する
ものであった。ところがその後は、『新家族法実務大系』はあったものの、学
説主導の講座ものは刊行されずに今日に至った。そうした中、二宮周平編集代
表『現代家族法講座』（日本評論社、全 5 巻、2020-21）が刊行されたのは特筆
すべきことがらである。編集代表者も述べるように、この講座は、同じ出版社
から刊行された『講座現代家族法』（以下、「旧講座」と呼ぶ）が刊行されて以
来、30 年を経て現れた講座ものであり、この間の（平成の 30 年間の）家族・
家族法の変化を反映したものとなっている。個別の収録論文の内容には立ち入
らないが、その構成を見ただけでいくつかの特色を指摘することができる。第
一に、同じく「現代家族法」を対象としつつ、かつ、ほぼ同数の巻で構成され
てはいるが、旧講座が親族・相続の双方を含んでいたのに対して、この講座は
相続を含まない。これはこの間に、研究の蓄積とともに専門の分化が進んだこ
との現れであろう。第二に、旧講座が、総論、婚姻、親子、親権・後見・扶養、
遺産分割、遺言という構成であったのに対して、この講座は、第 1 巻「個人、
国家と家族、第 2 巻「婚姻と離婚」、第 3 巻「親子」、第 4 巻「後見・扶養」、
第 5 巻「国際化と家族」という構成を採用している。このことは、一方で、家
族法が民法以外の諸法に開かれつつあることを、他方で、国内法・国内事件に
加えて国際条約・国際事件のウェイトが高まってきていることを反映している。

　繰り返しになるが、この 30 年の間に、（狭義の）家族法の研究は増え、テー
マは細分化しつつある。その全体像を見渡すことは、実務家や学生にとっては
容易なことではなくなっている。さらに言えば、専門の研究者についても、大
学を取り巻く環境の変化によって研究活動に割くことができる時間が減少して
いる現況などを考慮に入れるならば、全体像の把握はかつてよりは難しくなっ
ていると言わざるを得ない。そうしたことを考えると、このような講座ものは

より重要になっていると言える。

## Ⅳ　境界を大きく越える

　隣接領域への架橋という点から見ると、民法の財産法部分や憲法はもちろんその他既存の実定法分野における研究、フランス法・ドイツ法をはじめとする西洋諸国の家族法に関する研究が重要であることは言うまでもない。今期もこれらに関する研究は続いているが、さらに、より大きく境界を越えるような研究にも接した。その一つは、大江洋『子どもの道徳的・法的地位と正義論』（法律文化社、2020）であり、もう一つは、阿部尚史『イスラーム法と家産──19世紀イラン在地社会における家・相続・女性』（中央公論新社、2020）である。なお、大江氏には『関係的権利論──子どもの権利から権利の再構成へ』（勁草書房、2004）があり、別の著者のイスラーム法に関する近著として、小野仁美『イスラーム法の子ども観』（慶應義塾大学出版会、2019）がある（最後のものについては、二宮周平教授に教えていただいた。この場を借りてお礼を申し上げる）。

　（1）大江氏はもともと法哲学畑の人であり、旧著はその副題が示す通り、「子どもの権利」を素材としつつ、権利概念の再構成を図る点に重点があった。これに対して新著は、「子どもの権利」論に再び焦点をあわせ、この問題群を更新することを試みる（「新・子どもの権利論」という副題を参照）。同時に大江氏は、両著の関係につき新著の序章において「ざっくり放りっぱなしにはしないことに留意させる関係的権利論構想が、子どもにも正義を貫徹すべきという本書の主張のある種の具体化となっている」、「筆者にとって応用編を先に執筆し、原理的な著作を後で刊行したという次第である」としている（同書24-25頁）。このような位置づけ（自己解釈）は可能ではあろうが、率直に言って評者には、「応用編」に示されていた権利概念の豊かな可能性が「原理編」では切り詰められてしまっているように見えないでもない。

　もっとも、ここで大江氏の著書を取り上げたのは、大江氏の権利論の当否を論じたいからではなく、法哲学的な観点に立った具体的な検討の中に家族法学が参照すべき点がいくつも含まれているように思うからである。親子関係の自

明性の切断にかかわる議論（第 2 章）にせよ子育てコストに関する議論（第 3 章）にせよ、実定法上の議論において散発的に浮上する論点について腰を据えて考えるための材料・視点を提供してくれる。また、「遅れてきたマイノリティ」（同書 193 頁）という捉え方や将来世代問題・動物の権利論への言及（194 頁・195 頁）は、家族法学者がまとまった形で考えにくい問題の存在を示唆している。親子関係の自然性と人為性、infant（話せない者）としての子どもの意思の存在と不存在など、改めて考えさせられる問題は少なくない。

　子どもに着目した法理論の試みとしては、少し前に現れた横田光平『子ども法の基本構造』（信山社、2010）などがあり、法領域横断的な「子ども法」も構想されつつあるが、大江氏の権利論への賛否にかかわらず、同氏が示されている視点は「子ども法」のこの先の展開にとっても有益であろう。

　（2）『イスラーム法と家産』の著者の阿部氏は歴史畑の人である。巻頭に地図と家系図が掲げられていることから窺われるように、この著書は特定の地域（当時のイラン第 2 の都市タブリーズ）の特定の有力家族（1875 年に死亡した人物・ファトファリー 2 世の家族）をめぐる家産承継を主題としている。評者には使用されている史料の詳細について理解する能力はないが、教会の文書や公正証書を用いた西洋史研究が想起される。個人的には、かつて手にとった二宮宏之『歴史学再考―生活世界から権力秩序へ』（日本エディタースクール出版部、1994）に収録された「ある農村家族の肖像―アンシアン・レジーム下の『家』をめぐって」などを思い出した。

　著者の検討結果は次のようにまとめられている。「職の承継とは異なり、財産の相続・承継は直系重視が顕著で一子への集中的な富の配分が試みられており、傍系親族は中核的財産の相続からは意図的に排除されていた。…外部の視点から読み取ることができる血統・職掌・地位の継続・承継は、家族内部の財産の移動・帰属とは一致していないのである。既往の研究はこうした現象を十分捉え切れていなかったと言えよう」（同書 336 頁）。この抽象的な要約は興味深いが、著者自身が述べる「できるだけ生々しい人間の営みや打算に満ちた人間関係を描き出すように努めてきた」（同頁）というアプローチの特色を尊重するならば、やや長くはなるが、次の一節を掲げた方がよいかもしれない。

　「ホセインコリーの父ファトファリー 2 世は祖母メフルジャハーンに対して

全財産贈与を陳述し、メフルジャハーンは息子の死後、それを立証する証書を用意していた。それにもかかわらず、この法律行為は死の病の状態で行われたと判断された。その結果、この贈与は遺産の3分の1の遺贈とされ、遺産分割を阻止することができなかった。ホセインコリーはこの経験に学び、法的な権利関係を予め整備することに加えて、生前から妻に実質的な管理権も委ねることで、移転を確実にしようとしたのであろう。／ホセインコリーが妻への財産移転を入念に行った理由は、傍系親族（兄弟姉妹）への財産移転を阻止することであったと見られる。彼は、血縁の兄弟よりも、妻であるタージュを家産の承継者に選んだのである。もちろん、夫婦の間の個人的な感情という点も無視できないが、筆者はここに、直系家族の枠組みが重視されていると解釈する。ホセインコリーは血のつながった傍系家族によって財産が承継されるよりも、婚姻関係を基礎とする『核家族』的枠組みを重んじ、そのなかに財産を留めることを選択した。換言すれば、ナジャフコリー・ハーン家にとって、家の存続は傍系親族に委ねられるものではなく、直系が絶えることが明白な状況でさえ、近親の家族構成員による家産保有が優先されたのである」（同319頁）。

　ここでの解釈に対しては、比較家族法史的な観点から疑問を投ずることができないわけではない。しかし、そんなことよりも興味深いのは、家族内での財産処分とこれをめぐる紛争を精査することを通じて、家産保持に関する一つの対応パターンが析出されていることである。これを見ると、「家」なるものがア・プリオリに存在するのではなく、家族意識・社会慣行・イスラーム法学の相互関係の中で、いわば帰納的に捉えられていることが窺われる。私たちは明治民法上の「家」制度などという比較的身近なものであっても、簡単に、かつ単純に実体化してしまいがちであるが、ここには、そうした思考法に対する解毒剤があるように思われるのである（評者はしばらく前に、鷗外の『本家分家』という小説に示された森家の相続問題に触れたことがあるが、十分な考察を行うことはできなかったものの、その時の意図は「家」制度をいわば「脱神話化」することにあった）。

　『イスラーム法の子ども観』にも一言だけ触れておこう。ただし、内容には立ち入らず（「イスラーム法は養子を認めず、実子を確定する方法を精緻化させた。子にとっては、父は扶養や相続、そして後見や教育など、生きていくた

めに必要なものを与えてくれる存在である。同時にそれは、父の絶大な権力を保証することにもつながるのであるが、それが決して一方的な抑圧ではないことも、個々の法規定から明らかにしたい」(同書 7 頁)という方向性は、イスラーム法に固有のことではなく西欧法にも見られる考え方であるとしても、興味深いものを含む)、この著書の基本的なスタンスを確認するにとどめる。

　著者は序論の最初の項目を「法学書から子ども観を読み解く─本書の目的」と題している。より具体的には、「イスラーム法に示された子ども観には、ムスリムが理想とする家族像や教育の指針、あるべき社会の姿が反映されていると考えられるのである。本書は、前近代の法学者たちによって記された法学書を、子どもをキーワードとして読み解いていき、彼らが神の意に沿うと考えた子育てや家族のあり方を明らかにすることを目的とする」(同書 1 頁)と述べている。こうしたアプローチは、たとえば文学作品などを対象に展開されることがあるが(日本では、中田薫『徳川時代の文学に見えたる私法』〔岩波書店、1984、初出、1925〕が古典的な例である)、法典や法学書が対象とされることは少ない。古い時代のイスラームについてこのような試みがなされるのであれば、近い時代の自国あるいは隣国の法典・法学書についても、同様の試みがなされてよい。現在の法典・法学者も、将来はそのような分析の対象となりうるだろう。そう考えたとき、実定法学者はその著書に何を書き込んでおくべきなのだろうかと自問する。

　イスラーム法に関する研究書を(ある程度)理解するためには、もちろんイスラーム法に関する基礎知識が必要になる。家族法に関しては、柳橋博之『イスラーム家族法─婚姻・親子・親族』(創文社、2001)という大著があるが、相続法に関する同様の著書のほか、各国別(モロッコ法、トルコ法…)の現行法に関する解説書もほしいところである。

　(3) 最後になるが、法領域の越境という観点からは最重要とも言える児童福祉法・児童虐待防止法に関する注釈書として磯谷文明・町野朔・水野紀子編集代表『実務コンメンタール児童福祉法・児童虐待防止法』(有斐閣、2020)が、また、比較法の対象拡大という形での越境をはかるものとして、奥田安弘『フィリピン家族法の逐条解説』(明石書店、2021)が刊行されたことを付言しておく。

## 第3章　判例解説

### 〔1〕判例解説：東京高判令和2・3・4判時2473号47頁——同性カップルの関係終了と不法行為責任

大　澤　逸　平

## Ⅰ　事実の概要

　XとY（いずれも女性）は平成21年3月に交際を開始し、平成22年2月からは同居を開始した。両者は平成26年3月ころに結婚についての話し合いを開始し、それぞれの家族に対し性的指向をカミングアウトするとともに、パートナーとして紹介するなどした。さらに両者は、平成26年12月、米国ニューヨーク州において同州法にもとづく婚姻として婚姻登録証明書を取得し、平成27年5月には親族の一部も参加して結婚披露宴が日本で行われた。

　XとYは、平成27年7月、子をもうけるためにSNSで精子提供者を募集したところ、A（当時は戸籍上男性）がこれに応募した。Yは平成28年9月に妊娠が判明したが、その後流産した。

　Yは、平成28年12月から1月にかけての7日間、A宅を訪問し、宿泊した。この間、YとAとの間には、挿入行為を伴わない性的関係があった。その後YはXと同居していたアパートから退去した。Xは家庭裁判所に婚姻外関係解消の調停を申立て、平成29年12月、米国においてなされた婚姻解消の合意に代わる審判がなされ、同審判は平成30年1月31日に確定した。なお、Yは平成30年8月に出産し、その直後にAと婚姻しているが、同年9月に離婚した。また、Aは同年8月に性別適合手術を受け、同年11月には性別変更の裁判が確定したため、戸籍上女性となった。

　Xは、Y及びAに対し、YとAによる不貞行為の結果、XとYとの同性

の事実婚（内縁関係）が破綻したとして共同不法行為に基づき婚姻関係の解消に伴う費用等相当額337万円余り及び慰謝料300万円及び遅延損害金を請求する訴訟を提起した。一審（宇都宮地真岡支判令和元・9・18）は、Y及びAによる共同不法行為の成立を認め、慰謝料100万円及び弁護士費用10万円の限りで認容したので、Yが控訴した（Xも附帯控訴したが、請求の内案を慰謝料300万円及び弁護士費用10万円のみに減縮した）。

## Ⅱ　判旨

　控訴及び附帯控訴棄却。

　「Y及びXは、〈1〉平成21年3月から交際を開始し、平成22年2月から平成29年1月まで約7年間にわたり同居していたこと、〈2〉その間の平成26年12月には同性婚が法律上認められている米国ニューヨーク州で婚姻登録証明書を取得して結婚式を行った上、平成27年5月には日本国内で結婚式を挙げ、披露宴も開催し、その関係を周囲の親しい人（一部の親族も含む。）に明らかにしていたこと、〈3〉その後、2人で子を育てることを計画し、Yは、平成27年7月頃から、2人で育てる子を妊娠すべく、第三者からの精子提供を受けるなどし、Xは、平成28年12月までには、Yと将来的には子をもうけて育てる場所としてマンションの購入を進めていたことが認められる。

　以上の事実に照らすと、Y及びXの上記関係（以下「本件関係」という。）は、他人同士が生活を共にする単なる同居ではなく、同性同士であるために法律上の婚姻の届出はできないものの、できる限り社会観念上夫婦と同様であると認められる関係を形成しようとしていたものであり、平成28年12月当時、男女が相協力して夫婦としての生活を営む結合としての婚姻に準ずる関係にあったということができる。したがって、Y及びXは、少なくとも民法上の不法行為に関して、互いに、婚姻に準ずる関係から生じる法律上保護される利益を有するものというべきである。」同性婚の可否については立法上の問題であること、法的保護の範囲が不明確であること等を理由に「法律上保護される利益」を否定するYの主張については、「同性同士のカップルにおいても、両者間の合意により、婚姻関係にある夫婦と同様の貞操義務等を負うこと自体は許

容されるものと解される上、世界的にみれば、令和元年 5 月時点において、同性同士のカップルにつき、同性婚を認める国・地域が 25 を超えており、これに加えて登録パートナーシップ等の関係を公的に認証する制度を採用する国・地域は世界中の約 20% に上っており……、日本国内においても、このようなパートナーシップ制度を採用する地方自治体が現れてきている……といった近時の社会情勢等を併せ考慮すれば、Y 及び X の本件関係が同性同士のものであることのみをもって、X が前記……のような法律上保護される利益を有することを否定することはできない。また、Y 及び X は、……単に交際及び同居をしていたのではなく、米国ニューヨーク州で婚姻登録証明書を取得して結婚式を行った上、日本においても結婚式等を行い、周囲の親しい人にその関係を周知し、2 人で子を育てることも計画して現にその準備を進めていたのであるから、Y が X に従属する関係にあったとはいえないし、Y の指摘するように Y 及び X が生活費を互いに負担し合う関係にあった点のみをもって、平成 28 年 12 月当時、前記のような婚姻に準ずる関係にあったとの認定を左右するものではない。」

「以上によれば、X は、Y が A と故意に性的関係を結んだことにより、本件関係の解消をやむなくされたものと認めることができる。したがって、X は、Y に対し、Y が A と性的関係を結んだことにより、婚姻に準ずる関係である本件関係の解消をやむなくされたことを理由にその損害の賠償を求めることができる」。

## Ⅲ 評釈

### 1 はじめに

本判決は、同性カップルの一方当事者（Y）が第三者（A）との性的関係を持ったことにより、X と Y との「婚姻に準ずる関係」が解消に至ったとして、当該当事者の他方当事者に対する不法行為責任を認めたものであり、同性カップルの法的処遇をめぐって重要な事例を提供するものである。本稿では、本判決が直接扱うカップル間の問題を扱うこととし、一審で問題となった A の責任については取り上げない。

## 2　準婚理論の拡張による不法行為責任の認定

(1)　本判決は、XとYの関係が「婚姻に準ずる関係」であるとしたうえで、不貞行為自体を不法行為であるとするのではなく、「YがAと性的関係を結んだことにより、婚姻に準ずる関係である本件関係の解消をやむなくされたこと」が不法行為であるとする。すなわち、Yの「不貞行為」という加害行為によって「準婚関係の継続」という利益が害されたものであり、これをもって不法行為と捉えているようである。一方当事者の有責行為を原因として離婚に至った場合において、判例はかねてより他方当事者による慰謝料請求を認めていたが[1]、本判決は、いわゆる準婚理論を本件カップルに適用することを通じて、法律婚の解消（離婚）の場合と同様の帰結を導いているわけである。

　かかる結論を導くにあたり本判決が用いる「婚姻に準ずる関係」という表現は、内縁関係の不当破棄について準婚理論を採用して不法行為責任を認めた最判昭和33・4・11民集12巻5号789頁を想起させるものである[2]。周知の通り、内縁関係の不当破棄に基づく損害賠償請求の根拠をめぐっては、大審院が採用した婚姻予約（債務不履行）構成（大判大正8・6・11民録25輯1010頁）から、前掲最判昭和33・4・11が採用する準婚理論（不法行為構成）へ、という変遷があった。実務上無責配偶者の有責配偶者に対する離婚慰謝料の請求が（その実質的な機能については財産分与との関係で議論があるにせよ）「不法行為」を根拠としていることをふまえれば、準婚理論は内縁関係を「婚姻」類似のものとして考えるという点では一貫しているとみることができよう。

(2)　とはいえ、従前の内縁理論における適用対象として想定されてきたのは言うまでもなく異性カップルであり、同性カップルの扱いは別途議論の対象となりうる。直ちに想起されるのは、従来の準婚理論の下で議論されていた婚姻障害との関係である[3]。すなわち、当該カップルが婚姻障害によって法律婚を形成し得ない関係であるとき、そのようなカップルを法律婚類似のものとして処遇することが適切か、という問題である。

　本判決は本件カップルを準婚関係とする根拠として、Yの主張に応答する

---

1)　たとえば最判昭和31・2・21民集10巻2号124頁。ただし、婚姻（離婚）関係の継続がなぜ保護されるべきなのかははっきりしない。

2)　森山浩江「本判決判批」令和2年度重判63頁も参照。

形でまず合意によって貞操義務を課すことは可能であることを指摘するが、こ
れ自体は直接の根拠とならないだろう。そもそも本件訴訟は（共同）不法行為
に基づく請求が訴訟物であるから当事者の合意に対する違反が請求の根拠とな
っているわけではないし、有効な契約により設定された利益は公序良俗違反と
ならない限りは原則として保護されるものであるのに対して、不法行為法上保
護されるべき利益かどうかは不法行為法の観点から独自に決せられるべきもの
であり[4]、両者は次元を異にする問題だからである。そうすると、その後に述
べられている、国内外の同性婚をめぐる状況と、そのような観点から見た同性
婚を（実務上）否定することへの否定的評価がこのような同性カップルの関係
を不法行為法上の保護の対象とする判断を支えているのだろう。

(3)　もっとも本判決は、内縁に関する従来の議論をそのままの形で拡張して
いるわけではない。このことは、原審と異なり、本判決が「内縁」という概念
を使っていないことからうかがわれる。原審は、同性間のカップルが通常の
「内縁」とは認められないとしつつ、生殖上の理由以外は男女間の婚姻と何ら
変わらないとして「内縁関係と同視できる生活関係」であったとする。これは、
ＸとＹの関係と「内縁との類似性」を根拠にしているのであり、いわば内縁
保護法理の拡張を試みたものであるといえる。これに対して、本判決は、「内
縁」という用語を避け[5]、本件関係を端的に「婚姻に準ずる関係」であるとす
る（判例時報掲載の無記名コメントは、「内縁と同等のものと捉え」たものだ
とする）。

　ここでは、一方で、準婚理論は単なる内縁保護法理ではなく、婚姻と同様の
扱いを同性カップルを含めた婚姻外の関係へ拡張する法理へと一般化されてい
る。これは見方を変えれば、従前の準婚理論が同性間の関係にも拡張されうる

---

3)　従来の判例において問題となったものを列挙すると、婚姻適齢（大判大正 8・4・23 民録 25 輯
　　693 頁、大判昭和 6・2・20 新聞 3240 号 4 頁）、待婚期間（大判昭和 6・11・27 新聞 3345 号 15
　　頁）、父母の同意（大判大正 8・6・11 民録 25 輯 1010 頁、最判昭和 28・6・26 民集 7 巻 6 号 766
　　頁）、戸主であること（大判昭和 11・6・10 新聞 4009 号 17 頁）については障害にならないとさ
　　れる一方、重婚及び近親婚は内縁の成立を阻止するとされる（大判昭和 4・1・25 法律学説判例
　　評論全集 18 巻民法 234 頁、大判昭和 15・7・6 民集 19 巻 1142 頁）。
4)　大判大正 14・11・28 民集 4 巻 670 頁参照。
5)　前掲最判昭和 33・4・11 は、積極的な定義こそしないものの、「いわゆる内縁」という語を用
　　いる。

論理を含んでいたことを示唆していると言えよう[6]。他方で、本判決が認めた XY の「準婚」関係は、準婚理論の適用対象であるという意味では内縁と重なり合うものの、内縁そのものではない。このことは、本判決がもたらす解決が、これまでの内縁をめぐる判例や議論の蓄積と距離を置いていることを示唆する。

　実際、従来の男女間における「内縁」と比較すると、本判決がもたらした「準婚」関係の解消に関する規律は、より法律婚の扱いに近い。すなわち、法律婚の解消が協議又は裁判の形で行われる必要があるのと異なり、いわゆる内縁関係の終了自体は一方当事者による解消の意思表示と事実上の婚姻関係の廃絶によって終了するとされ[7]、その不当破棄による不法行為責任の有無は、内縁関係が一方当事者の意思により終了したことを前提に、その解消の意思表示に正当な理由があるかどうかが審査される[8]。これに対し、本判決は「X は、Y が A と故意に性的関係を結んだことにより、本件関係の解消をやむなくされたもの」としており、関係解消の意思表示の正当性如何という判断枠組みを採らない。むしろ、X と Y との関係が解消に至ったことが Y の「不貞行為」を原因とするものであるかどうかを判断しており、離婚による慰謝料をめぐる判断のあり方に近い。その意味で、本判決は「内縁よりもさらに法律婚に近い準婚関係」というカテゴリーを作り出したものとも評しうるのである。

### 3　適用対象となるカップル

（1）　このような準婚関係が認められるために具体的にどのような要素が基礎となるか。前掲最判昭和 33・4・11 は「いわゆる内縁」を「男女が相協力して夫婦としての生活を営む結合」としているものの、その意義は必ずしも明らかではない。そこで、一般的に「内縁」の成立要件として挙げられることの多い、（a）社会的な意味で夫婦となろうとする意思と（b）共同生活の存在[9]、という要素と比較しよう。

---

6)　すでに準婚理論の同性カップルへの拡張可能性を主張するものとして二宮周平「同性パートナーシップの公的承認」同編『性のあり方の多様性』（日本評論社、2017）22 頁以下。

7)　松川正毅＝窪田充見編『新基本法コンメンタール親族〔第 2 版〕』（日本評論社、2019）118 頁〔嵩さやか〕。

8)　前掲最判昭和 33・4・11、松川＝窪田編・前掲注 7）同所及びそこで引用されている福岡地判昭和 44・8・26 判時 577 号 90 頁、大阪高判平成 16・7・30 家月 57 巻 2 号 147 頁など参照。

(2)　本判決は、XY のカップルについて「社会観念上夫婦と同様であると認められる関係を形成しようとしていた」として準婚関係を認定している。「形成しようとしていた」という表現は、(a) 両当事者の婚姻意思を重視しているようにも見えなくもない。しかし実際には、次に述べる要素を踏まえて「社会観念上夫婦と同様であると認められる関係を形成しようとしていた」ことが認定されているように思われる。つまり、「社会観念上夫婦と同様であると認められる関係を形成しようとする当事者の意思表示のみ」で準婚関係と認められる、とまで踏み込んでいるわけではない。

(3)　そこで本判決が本件関係を準婚関係と認める根拠として挙げる要素を見てみると、前記 (a)(b) の要素に収まるものとそうでないものが見られる。

　判旨が挙げるのは、大きく分けて、① XY の 7 年間の同居、② XY による同性婚を認める外国での婚姻登録証明書取得及び日本国内での結婚式、及び③子を育てる計画及びその実行、の 3 要素である。このうち、①同居の事実は (b) 共同生活の直接の徴表であり、これが内縁成立のために不可欠の要素ではないとしても [10]、これがあることで準婚理論の適用対象とされやすいことは確かであろう [11]。また②については、(a) 婚姻意思の直接の根拠となり得る内容が含まれている。すなわち、結婚式を挙行することは、法律婚と同様の関係を取り結ぶことを社会的に宣言する行為であるし、米国ニューヨーク州での婚姻登録証明書取得は、仮にそれが当事者にとって法律婚としての効力を持たないとしても、法律婚と同様の関係を取り結ぶ意思を示す行為であると評しうる。このような事情があることで、その後の共同生活やそれに伴う活動が「法律婚と同様の関係を取り結ぶ」という意思に基づいたものであると評価されやすいであろう。

　とはいえ、②について、「渡米して婚姻登録証明書を取得すること」や「結婚式を挙行すること」といった要素を、その背後にある婚姻意思を推察させる根拠としてではなく、そのような事実自体をもって準婚関係を認める根拠とし

---

9)　二宮周平『家族法〔第 5 版〕』(新世社、2019) 150 頁。ただし婚姻意思を要件とすることに対して懐疑的な見解として窪田充見『家族法〔第 4 版〕』(有斐閣、2019) 135 頁以下。

10)　二宮・前掲注 9) 同所。

11)　ただし本判決は、共同生活が必須であるとまで述べたものではないだろう。

ていると解する余地がある。加えて、③子をもうけ育てること（あるいはその
計画）という要素は、従来のいわゆる内縁保護の理論としての準婚理論におい
ては求められていない要素である。仮にこれらの要素が同性カップルを準婚関
係と認めるのに不可欠な要素であるとするならば[12]、そのハードルは（少な
くとも異性カップルと比較すると）高い[13]。このような態度は、不貞行為に
よって準婚関係が終了したとして慰謝料を認める、という離婚慰謝料と同様の
取り扱いをしたことを平仄の合う側面があるが、他方で、同性カップルへの準
婚理論の適用を限定する契機もはらむ。

## 4　おわりに

本判決は複数の顔を持つ。一方で、いわゆる内縁関係の存続を保障する法理
としての準婚理論の適用範囲を同性カップルにも拡張した、という側面がある。
他方で、従来の「内縁」に関する法理をそのまま適用しているわけではなく、
同性カップルの処遇を、その要件と効果の両面で従来の内縁とは異なる形で考
慮する可能性を感じさせる。要件については、「準婚」とされるために必要と
される要素をどのように理解するかによって適用範囲が大きく変わってくる可
能性がある。また、効果についても、有責行為による関係解消に伴う慰謝料と

---

12)　ただし判旨がそのように明言しているわけではなく、単に事案との関係で指摘したに過ぎな
いと見る余地もある。

13)　法律婚についていわゆる「結婚式」を挙げることは婚姻成立の要件ではないし、成人であれ
ば親族の同意も不要であるが、親族を呼んで結婚式を挙げることを要求することは、このような
儀式や親族の同意を要件とするに等しい。また、同性婚を認める外国で婚姻登録証明書を取得す
ることは一定の資金が必要であり、金銭的な負担という意味でもハードルは低くない。また、本
件カップルは女性同士のカップルであり、当事者が自ら妊娠・出産することが可能な事案であっ
た（実際、YがAからの精子提供を受けて妊娠を試みている）ことに注意が必要だろう。男性
同士のカップルにおいては当事者が自ら妊娠することは出来ない。また、血縁のある子を持とう
とすれば、必然的に当事者以外の第三者の母体を用いることになるから、現行法上は難しいであ
ろう。そうすると、第三者による精子提供などによって当事者の一方が自ら妊娠する（した）女
性カップルか、養子縁組を行う見込みがあるカップルだけが当てはまりうるということになるの
かもしれない。もっとも、未成年者を養子とする場合には家庭裁判所の許可が必要であるところ
（民798条）、同性であるかどうかにかかわらず婚姻外のカップルの一方（ないし両方）が養親と
なる養子縁組が適切であるという評価を得られるか、という問題がある。要するに、男性カップ
ルにとってのハードルは相対的に高いと思われる。

いう効果を超えて、従来の内縁において議論されてきた効果（たとえば財産分与）がどのように適用されるか、といった問題にも本判決は立ち入っていない [14]。いずれについても、今後の議論においてあらためてその当否が問われることになるが、本判決は具体的な解決の一例を示すことを通じて、そういった問題の所在を示したという意味でも重要なものである。

〔追記〕本稿は JSPS 科研費課題番号 20K13375 による研究成果の一部である。

---

14)　なお、しばしば離婚慰謝料の機能として指摘される生活保障等の内容が本判決における慰謝料の内容として含まれていると解することは難しい。X は一審において、Y の貞操義務違反による慰謝料とともに、財産的損害として不妊治療の費用及び外国で離婚手続をする際に要する費用を損害賠償として請求しているが、財産的損害の請求については一審で棄却され、控訴の対象にもなっていない。

〔2〕判例解説：名古屋地判令和2年6月4日判時2465・2466号合併号13頁——同性カップルが社会立法上の「事実上婚姻関係と同様の事情にあった者」に該当するか

ダニエル・マシャド

## I　事案の概要

　原告X（男性）は約20年にわたってA男と同居して共同生活をしていたところ、平成26年にA男が刺殺された。Xは、平成28年に犯罪被害者等給付金の支給等による犯罪被害者等の支援に関する法律（以下「犯給法」という）5条1項1号所定の「配偶者」にあたると主張して遺族給付金（同法4条1号）の支給の裁定を申請したところ、翌年、愛知県公安委員会は、遺族給付金を支給しない旨の裁定をした。

　その後、Xは平成30年3月に、国家公安委員会に対して審査請求をし、同年7月に愛知県、愛知県公安委員会、同委員長を相手取って裁定の取消しを求めて本件訴訟を提起した。

## II　判旨

請求棄却。

「犯給法は、犯罪行為により死亡した者の遺族又は重傷病を負い若しくは障害が残った者（遺族等）の犯罪被害等を早期に軽減するとともに、これらの者が再び平穏な生活を営むことができるようにするため、犯罪被害等を受けた者に犯罪被害者等給付金を支給するものであり（1条、3条）、重大な経済的又は精神的な被害を受けた遺族等が発生した場合には当該遺族等を救済すべきとする社会一般の意識が生じ、他方で実際上不法行為制度の下での損害賠償等により救済を受けられない場合が多い中で、その状況を放置した場合には法秩序に対する国民の不信感が生ずることから、社会連帯共助の精神に基づき、租税を財源として遺族等に一定の給付金を支給し、遺族等の経済的又は精神的な被害を緩和するとともに、国の法制度全般に対する国民の信頼を確保することを目的

とするものと解される。」

「〈1〉前記のとおり、犯給法の目的が、社会連帯共助の精神に基づいて、租税を財源として遺族等に一定の給付金を支給し、国の法制度全般に対する国民の信頼を確保する事にあることに鑑みると、犯給法による保護の範囲は社会通念により決するのが合理的であること、〈2〉犯給法5条1項2号、3号に掲げられた親子、祖父母、孫や兄弟姉妹といった親族は、社会通念上、犯罪被害者と親密なつながりを有するものとして犯罪被害者の死亡によって重大な経済的又は精神的な被害を受けることが想定される者であり、これらと並んで同項1号に掲げられている『配偶者（婚姻の届出をしていないが、事実上婚姻関係と同様の事情にあった者を含む。）』に該当する者についても、同様の者が想定されていると考えられることからすると、同性の犯罪被害者と共同生活関係にあった者が犯給法5条1項1号の『婚姻の届出をしていないが、事実上婚姻関係と同様の事情にあった者』に該当するためには、同性間の共同生活関係が婚姻関係と同視し得るものであるとの社会通念が形成されていることを要するというべきである。」

「重婚や近親婚は、婚姻に該当することを前提としたうえで、これを認める弊害に鑑み、政策的に法律婚としては一律に禁じられているものである。それゆえ、個別具体的な事情の下で婚姻を禁ずる理由となっている弊害が顕在化することがないと認められる場合には、法律婚に準ずる内縁関係としての要保護性まで否定する理由はないとの判断が働き、そのような場合の内縁関係は法律婚に準ずるものとして保護されるものと解される。これに対し、同性間の共同生活関係については、政策的に婚姻が禁じられているというのではなく、そもそも民法における婚姻の定義上、婚姻に該当する余地がないのであるから（なお、この解釈自体については、原告も争うところではない。）、重婚や近親婚の場合とは自ずから局面を異にしているといわざるを得ない。したがって、重婚的内縁や近親婚的内縁が一定の場合に内縁関係として保護されるからといって、同性間の共同生活関係が内縁関係に含まれる理由となるとは解されず、原告の前記主張は採用することができない。」

「本件処分当時の我が国において同性間の共同生活関係が婚姻関係と同視し得るものであるとの社会通念が形成されていたとはいえず、本件処分当時におい

ては、同性の犯罪被害者と共同生活関係にある者が、個別具体的な事情にかか
わらず、『事実上婚姻関係と同様の事情にあった者』（犯給法 5 条 1 項 1 号）に
当たると認めることはできないというべきである。」

## Ⅲ　解説

### 1　問題の所在

　犯給法 4 条は犯罪被害者の遺族を援助するために遺族給付金の受給権を第一
順位遺族に与え、同法 5 条は「犯罪被害者の配偶者（婚姻の届出をしていない
が、事実上婚姻関係と同様の事情にあった者を含む）」を他のすべての遺族に
対して第一順位遺族としている。本件では、同性カップル[1] の当事者が犯給
法の配偶者概念に含まれるか否かが争われた。

　日本では同性カップルが民法及び戸籍法の婚姻に関する諸規定を理由に婚姻
の届出をすることができず、同性間の法律婚（以下、「同性婚」という）は認
められていない[2]。2015 年以降、いわゆる同性パートナーシップ制度等を導
入した自治体数が増加する一方であるが、これらの制度は実定法上の権利義務
を認めるのではない[3]。したがって、同性カップルの当事者が法律婚の配偶者
又は配偶者に準ずる制定法上の地位を取得できない。

　ところが、異性カップルが婚姻の届出をしない場合でも、社会通念上の夫婦
になる意思をもって共同生活していたとき、当該関係から婚姻に準ずる関係

---

1)　同性カップルとは法律上の性別が同じ者同士を指す。性同一性障害者の性別の取扱いの特例に
　関する法律 3 条の審判を受けた者と審判後の性別と異なる性別の者とのカップルは含まれない。
2)　同性婚という表現は同性カップルの法的関係に関する制度一般を指す用語として多義に用いら
　れることがあるが、本稿においては従来から異性間について認められてきた婚姻制度のみを指し、
　その他の婚姻と並列されるパートナーシップ登録制度や事実婚制度などと区別する。
3)　2015 年 3 月に東京都渋谷区がいわゆる同性パートナーシップ制度（条例の正式名称は「渋谷
　区男女平等及び多様性を尊重する社会を推進する条例」という。）を導入したことを皮切りに、
　類似の制度が普及し始めた。同制度について山下純司「渋谷区条例の意義」ジュリスト 1485 号
　66 頁のほか大島梨沙「渋谷区同性パートナーシップ条例の意義と課題」法学セミナー 727 号 1
　頁などを参照されたい。二宮周平によれば、2020 年 10 月 1 日時点で同制度の導入自治体数は 60
　に上っていた。二宮周平「同性カップルの共同生活〜その法的評価と事実婚としての保護」戸籍
　時報 804 号 6 頁。

（以下、「事実婚」という）として一定の範囲で婚姻と同様の権利義務が発生する[4]。すると、同性カップルについても婚姻に準ずる関係として同様に扱えるかが問題となる。

　この点について、本件判決に先立って宇都宮地裁真岡支部判決及びその控訴審である東京高裁判決が女性カップルについて事実婚又は婚姻に準ずる関係として不当破棄に基づく損害賠償請求を一部認容した（以下、この事案を「不当破棄事件」という[5]）対して、本件判決は同性カップル関係を婚姻と同視し得る社会通念が形成されていないことを理由に同性カップルの当事者が犯給法5条1項の配偶者等の概念に含まれないとした。

　本件判決ははじめて民法上の事実婚の法的効果についてではなく公法上の受給権が認められるか否かついて判断した裁判例として重要な先例的意味をもつ。

## 2　同性カップルの法的保護をめぐる学説・判例の現状

　現行民法では同性婚に関する明文の規定がおかれていないが、同性婚を無効な結合としてみるのが通説的見解である[6]。ただ、その説明は一様ではなく、戦前から①婚姻の意思の欠如によって説明する立場と、②不文の婚姻障害事由の存在によって説明する立場に分かれる。同性間で婚姻意思をもてないとは言

---

4)　婚姻に準ずる関係は事実婚の他に内縁や準婚などとも呼ばれ、著者によってはこれらの用語の間には異なる意味合いをもたせることもあるが、本稿では、内縁保護法理や準婚理論等の慣用句の場合を除き、事実婚と呼ぶことにする。

5)　宇都宮地真岡判令和元・9・18判時2473号51頁、東京高判令和2・3・4判時2473号47頁（後者については本書掲載の評釈がある）。また、同性カップルの当事者の葬儀への参列拒絶等の行為が不法行為に当たるか否かが争われた事案では大阪地裁及び大阪高裁は請求を棄却したものの当事者が「事実上夫婦と同様の関係にあった」事実を認定し、不法行為法上、同性カップルが異性カップルと同様に扱われることを前提としている（大阪地判令和2・3・27裁判所ウェブサイト、大阪高判令和3・1・15 LEX/DB文献番号25568928）。

6)　大村敦志は「（現行法のような）実定法規にもかかわらず、民法の『婚姻』に同性婚をも含めうるという解釈論は不可能ではない。しかし、そのためには、婚姻保護の思想的根拠を問い直す必要がある」と述べている。大村敦志「性転換・同性愛と民法（下）」ジュリスト1081号（1995）64頁。また、婚姻と生殖との不可分の関係が失われ、伝統的婚姻観が変容を遂げていることを捉えて、生殖能力を除けば夫婦としての実質的な生活共同関係を形成した同性カップルに対して婚姻としての法的保護を否定する合理的根拠がないのではないかと疑問視する見解もある。青山道夫＝有地亨編『新版注釈民法（21）』（有斐閣、1989）178-179頁〔上野雅和〕。

い切れないとして疑義を呈するのは②であるが[7]、①が通説的見解として定着していた[8]。

　長らく同性婚に関する唯一の事案だった佐賀家裁審判平成11・1・7家月51巻6号71頁では同性間で婚姻意思をもつことができないことが前提とされた[9]。対して、札幌地判令和3・3・17判時2487号3頁はあくまでも過去の事実認定として①に触れており、同性婚が認められない根拠としては民法及び戸籍法の諸規定[10]を全体として違憲審査の対象に取りあげるにとどまる[11]。

　以上から、現行法では同性婚が認められない点については学説・裁判例において異論はないが、その根拠については婚姻又は同性愛に対する社会通念の変容を理由に、①という解釈に対して疑問の声が上がっていると言うことができ

---

7)　戦前の通説的見解としての婚姻意思説については高窪喜八郎『法律学説判例総覧第5巻の2親族編1続編』（法律評論社、1927–1935）415頁以下を、その問題点を指摘するものとして薬師寺志光『日本親族法論上巻』（南郊社、1939）418頁を参照されたい。戦後の学説については星野茂「わが国における同性愛者をめぐる家族法上の諸問題」法律論叢69巻3-4-5号241頁以下。戦前では当事者が生物学上の性別と異なる性別として育てられた場合においてその者に社会通念上の夫婦になる意思があったと否定することができないことが問題とされるのに対し、戦後では社会通念上の婚姻の意味が変容したため「当事者が同性であるということだけで『婚姻意思』はないと断じていることが果たして今日でも言えるのか疑問である」（星野・245頁）とされている。

8)　当事者の性別の同一性を不文の婚姻障害事由として捉える解釈には民法上の婚姻無効事由・取消事由が明文をもって限定列挙されているという難問がある。

9)　日本人男性Xは、性別等を偽造した旅券を使ったフィリピン国籍の法律上の男性Aとの間で婚姻の届出をした後、婚姻届出が不法になされたことを理由に戸籍訂正の申請をした。Aがすでにフィリピンへ強制送還されていたこともあり、本件審判では戸籍訂正のために当事者の身分関係に関する確定判決が必要であるかどうかが争点となった。佐賀家裁は明らかに錯誤ないし法律上許されない戸籍記載がされている場合であって真実の身分関係について当事者間において争いがなくかつこれを裏付ける客観的な証拠があるときは、確定判決が不要であるとしたが、当該戸籍記載が法律上許されないこと等を理由として「日本法によれば、男性同士ないし女性同士の同性婚は、男女間における婚姻的共同生活に入る意思、すなわち婚姻意思を欠く無効なものと解すべきであ（る）」と説明した。なお、この事案は、実質的には同性愛の事例ではなく性自認の事例とみるべきであろう。

10)　特に民法739条1項及び戸籍法74条1号が言及されているが、これらの規定は、結果として、同性カップルが婚姻の形式的要件を具備すること（すなわち、婚姻の届出）、したがって日本国内において同性婚が成立することを阻止している。対して、本文で紹介した学説は同性婚の効力——婚姻の届出が誤って受理された場合や同性婚が外国法の形式的要件にしたがって成立した場合など——に関するものであり、性質の異なる議論であることに注意が必要である。

る。類似の展開は事実婚による法的保護の可能性についてもみられる。

　1990 年に事実婚保護を意図的な事実婚に応用するための理論を提示した二宮周平は同性カップルについても憲法上の権利保障という観点から事実婚としての法的保護可能性を肯定的に捉えるべきであるとしたが、当時は同性カップルを事実婚として保護することは困難であると認め、代わりに一般的な財産法規定による法的解決を認めて事実婚に準じた法的扱いを提示した[12]。当初事実婚としての保護が困難と思われたのは、日本の事実婚保護が婚姻との類似性を基礎とするところ、当時の日本社会では、同性カップルを社会通念上の夫婦と同視し得なかったためであろう[13]。

　その後、事実婚として保護すべき見解が次第に現れ有力化していく。星野茂は戦後にかけて有力化した相対的効果説[14]を前提として同性カップルにも「愛情に基づいた生活共同体があり、しかも社会的にもそれが認められるもの

---

11)　その理由を吟味すると、一方では、戦後の民法改正当時において同性カップルが社会一般でいう夫婦関係として見られなかったのは同性愛が戦後も精神疾患として捉えられていたためであって、同性愛に対する社会一般の理解の変容に伴って、同性カップルもまた婚姻の本質を伴った共同生活関係を築くことができると解されざるを得ないとされていることから同性の間でも婚姻意思をもち得ると捉えられているように読める。他方では、同性カップルは憲法 24 条の規定対象（あるいはその婚姻の定義）に含まれ得ないとされていることから、同性間ではその意味における婚姻をする意思をもち得ないとも読めるため、当該判決が同性カップルの婚姻の効力について上記いずれか、又はこれらとは異なる立場を採用したとは断言できないと思われる。なお、札幌地判の事案等については本書掲載の評釈があるため、ここでは繰り返し説明しない。

12)　二宮周平『事実婚の現代的課題』（日本評論社、1990）344–345 頁。これに対して、大村敦志は同性カップルに対して異性間のカップルに与えられる契約的保護を与えない理由は見当たらない旨を再確認したうえで、婚姻と同様の民法上の法的保護を与えるか否かは婚姻の目的をどう考えるか—婚姻の特殊性をカップルの共同生活に求めるか、それとも子を育てることを含意して共同生活を送ることに求めるか—によって決まるとし、社会保障法給付についても「生殖を含む共同生活という意味での婚姻を支援するものであれば、同性カップルは保護の対象とはなら」ず、「共同生活そのものを保護するのであれば、カップルが同性であることは保護を拒む理由にはならない」と述べている。大村敦志『家族法（第 3 版）』（有斐閣、2010）285–287 頁において著者は明示的に事実婚に触れているわけではないが、事実婚としての保護が婚姻としての保護として捉えられていると思われる。さらに、フランスとの比較研究を通じて準婚理論による保護と一般法による保護の可能性及びその相違について大島梨沙「フランスにおける非婚カップルの法的保護（2・完）」北大法学論集 58 巻 1 号 210–167 頁 172 頁以下をあわせて参照されたい。

13)　大村・前掲注 6) 65–66 頁。大村敦志はフランス法との比較で二宮周平と同様に当時の段階において事実婚としての保護可能性を消極的に捉えている。

であれば内縁としての保護を認めてもよい」としている[15]。また、二宮周平は同性カップルが社会的に認知されてきたこと等を理由に、同性の共同生活も事実婚として保護する可能性を認めている[16]。

　このように当初の学説が変わったのではなく、同性カップルが事実婚として保護されるためには同性カップルに関する社会通念が変化しなければならないとされていたところ、その変化がすでに成し遂げられたと評価されるように至った結果、同性カップルを事実婚そのものとして保護する見解が有力化してきたのである。

　この点について、前掲不当破棄事件の第1審は同性カップル関係を事実婚自体としてみることができず「内縁関係と同視できる生活関係」として位置づけた[17]。対して、第2審は当該カップルが「男女が相協力して夫婦としての生活を営む結合としての婚姻に準ずる関係にあったということができる」としていることから、前記学説と同様に、同性カップルに関する社会通念が当該関係を事実婚として扱える程度にすでに変化していると捉えているようである[18]。

　対して、本件判決は事実婚への該当性等を論じることなく犯給法上の配偶者概念への該当性の条件として日本社会において同性カップルを婚姻と同視し得る社会通念が形成されているか否かのみを問題とする。以下で確認するように、

14)　事実婚の成立要件を画一的または硬直的に捉えようとする学説に対して、成立要件を当該関係から発生すべき効果のいかんによって判断されるべきとする学説をいう。我妻栄『親族法』（有斐閣、1961）200頁のほか、二宮・前掲注12）12–14頁や星野・前掲注7）247–248頁など。

15)　星野・前掲注7）247–248頁。そのほかに大島梨沙「日本における『同性婚』問題」法学セミナー706号7頁は「日本では同性愛行為は…『反倫理的』ではな（く）…挙式をして関係性を公にしていたり、継続的同居協力関係があったりした場合、同性間の結合であっても、内縁と認定することによって法的効果を与えることは十分に可能であると思われる。これにより、遺族年金の受給、関係解消時の慰謝料請求、財産分与請求などには、対応可能であろう」という。また棚村政行「日本における同性婚及び同性パートナーシップ制度をめぐる動向」新・アジア家族法三国会議編『同性婚や同性パートナーシップ制度の可能性と課題』（日本加除出版、2018）123–131頁なども同様の見解を示している。

16)　二宮周平「同性パートナーシップの公的承認」二宮周平編『性のあり方の多様性』（日本評論社、2017）22–23頁。

17)　同判決は「現行法上、婚姻が男女間に限られていることからすると、婚姻関係に準じる内縁関係（事実婚）自体は、少なくとも現時点においては、飽くまで男女間の関係に限られると解するのが相当であり、同性婚を内縁関係（事実婚）そのものと見ることはできない」と明示している。

公法上の問題について同性カップルが事実婚であるか、事実婚に準じた関係であるかを論ずる意味はなく、そのこと自体は妥当であるが、本件判決において示されたこれまでの先例関係と本件事案、及びその社会通念形成要件の根拠と内容については疑問がある。

## 3　公法上の配偶者性と判例の限界

　日本での事実婚保護は判例と立法の両方によって展開してきた。一方では、民法上の婚姻の効果については戦前の婚姻予約有効法理を出発点として戦後に婚姻法規定の類推適用を正面から認めるいわゆる内縁保護法理が採用され定着した[19]。他方では、公法上の婚姻の効果については戦前から戦後にかけて「配偶者（届出ヲ為サザルモ事実上婚姻関係ト同様ノ事情ニ在ル者ヲ含ム）」という文言が各種法令に追加されるようになった[20]。

　公法上の規定について、配偶者の意味を拡張する明文の規定がない場合、裁判所が類推適用によって事実婚当事者を配偶者概念に含めた先例は見当たらない──むしろ明文の規定がない場合に適用を認めない判例がみられるのみである[21]。その是非はさておき、二宮周平が述べるように、そこに判例法の限界があるといえる[22]。したがって、同性カップル関係当事者を「事実上婚姻関係と同様の事情にあった者」ではなくこれに準ずる者として犯給法 5 条、4 条

---

18)　この読み方をするものとして渡邊泰彦「同性カップルが犯給法 5 条 1 項 1 号の『事実上婚姻関係と同様の事情にあった者』に該当するか」新・判例解説 Watch（2021 年 4 月）128 頁を参照。渡邊泰彦が指摘するとおり、婚姻の定義上、同性カップルが婚姻に該当する可能性を否定する点では本件判決の示した理解は前掲不当破棄事件の第 1 審と類似しているといえる。なお、相対的効果説の立場からは不当破棄事件第 2 審が同性の事実婚があらゆる側面において異性の事実婚と同様の効果を生ずるということにはならないという点に注意が必要である。

19)　日本における判例による事実婚保護の展開について二宮周平「日本民法の展開（3）判例の法形成──内縁」広中俊雄＝星野英一編『民法典の百年 I』（有斐閣、1998）341–396 頁。

20)　現行法では犯給法 5 条 1 項のほかに、たとえば、厚生年金保険法 3 条 2 項、健康保険法 3 条 7 項 1 号、労働者災害補償保険法 16 条の 2 第 1 項、育児介護休業法 2 条 4 号などの類似の規定がある。

21)　恩給法 72 条 1 項について最判平成 7・3・24 判時 1515 号 55 頁がある。その他に、かつての所得税法 8 条 1 項に規定する「配偶者その他の親族」の意味について大阪地判昭和 36・9・19 家月 14 巻 3 号 119 頁もある。この点について二宮周平『家族法（第 4 版）』（新世社、2013）152 頁のほか同著『事実婚の判例総合解説』（信山社、2006）100–105 頁、193–194 頁。

の規定を類推適用するためには判例の限界を克服せねばならない。

　ところが、公法上の配偶者概念について同性カップル関係の当事者を明示的に包含・排除する規定は見たらない以上[23]、同性カップル関係の場合には異性カップルの場合と異なって法の欠缺があり、その当事者を「事実上婚姻関係と同様の事情にあった者」に含める解釈が必ずしも判例の限界に抵触するとは言えない[24]。すると、同性カップル関係当事者を「事実上婚姻関係と同様の事情にあった者」に準ずる者として受給権を認める解釈も不可能ではない。

　しかし、公法上の「事実上婚姻関係と同様の事情にあった者」は民法上の婚姻制度を前提としながらも柔軟に解釈されてきた概念であり、以上の迂遠な解釈をせずとも、同性カップル関係当事者を配偶者概念に含めることは十分可能である。本件判決は同性カップル関係当事者を犯給法上の配偶者概念に直接含める可能性を肯定する点では評価できる。だが、これまでの判例と異なり、同性カップル関係が社会的に認められているだけではなく婚姻と同視し得る社会通念が形成されているか否かを個別具体的な審査の先決問題とすることについて十分な根拠が示されたとは言いがたい。

## 4　判例上の配偶者概念解釈と本件事案の区別の根拠

　日本の判例は事実婚当事者の配偶者性を認める明文の規定がある場合には、

---

22)　二宮・前掲注21) 152頁。また、著者が指摘するように、このような判例の限界は民法の法律婚主義と抵触しない範囲内での保護に限定することによって法律婚主義との調整を図ろうとする姿勢の表れである。

23)　本件の被告（国）は、配偶者からの暴力の防止及び被害者の保護等に関する法律28条の2が新設されたことによって同性カップル関係の当事者も同法に定める保護命令の対象に含まれうることになったのであり、この経緯は、一般には、同性カップルの当事者は「事実上婚姻関係と同様の事情にあった者」には包含できないことを示していると主張している。しかし、同法28条の2の文言が同性カップルを対象にするために新設されたわけではないことは、原告の主張するとおりである。立法の経緯からも、同性カップル関係についての法の欠缺を否定することはできないと思われる。

24)　二宮周平「同性カップルの共同生活〜その法的評価と事実婚としての保護」戸籍時報804号7-8頁において著者は、もともと日本の判例法は、法の欠缺という解釈法理を用いていた内縁関係を法的に保護してきたものであり、補充解釈は裁判所の権限内として許されるため、同性婚規定やパートナーシップ制度がない現状を「法の欠缺」と捉え、内縁＝事実婚としての法的保護を導き出す解釈は、日本の内縁保護法理の正統な解釈方法であるとしている。

配偶者の該当性を柔軟に解釈してきた。

　まず重婚的関係に関する最判昭 58・4・14 民集 37 巻 3 号 270 頁（以下、「昭和 58 年判決」という）は公法上の配偶者の概念は、必ずしも民法上の配偶者の概念と同一のものではなく、同法の社会保障法的理念・目的に照らし、柔軟に解釈できるとしたうえで、戸籍上の配偶者であっても、婚姻関係が実態を失って形骸化して事実上の離婚状態にある場合には、戸籍上の配偶者は公法上の遺族給付金を受けるべき配偶者に該当しないと判断した [25]。

　おじと姪の近親婚的関係に関する最判平成 19・3・8 民集 61 巻 2 号 518 頁（以下、「平成 19 年判決」という）は厚生年金保険法 3 条 2 項について、同法は民法が定める婚姻法秩序を当然の前提としており、近親的関係当事者が「事実上婚姻関係と同様の事情にある者」に該当するか否かの判断にあたっては、民法の婚姻法秩序が尊重されるべきであり、同法は婚姻法秩序に反する事実婚関係にある者をも保護する趣旨ではないとする一方、当該関係がある特定の社会的・時代的背景下で形成された場合、個別具体的な事情に照らし、婚姻法秩序維持等の観点から問題とする必要がない程度に反公益性が著しく低いと認められるとき、遺族の生活の安定化という同法の目的を優先させるべき特段の事情があるとして当該関係当事者の同法上の配偶者性を認めている。

　これらの判例から、公法上の配偶者概念は「事実上婚姻関係と同様の事情にある者」を含めて婚姻法秩序を前提とするが、婚姻法秩序に抵触する関係の該当性が認められるなど、それぞれの法令の目的に照らして柔軟に解されてきた。

　そうであれば、同性カップル関係について明文の禁止がなく必ずしも民法の婚姻秩序に抵触するとは言えないことから、その当事者の生活実態に着目して「事実上婚姻関係と同様の事情にある者」に含める解釈は十分可能である。と

---

25)　戸籍上の妻が配偶者として遺族給付金の受給権を否定した農林漁業団体共済組合の却下決定の取消を求めて提訴した事案である。最高裁は「（農林漁業団体職員共済組合法 24 条 1 項）の定める配偶者の概念は、必ずしも民法上の配偶者の概念と同一のものとみなければならないものではなく、本件共済組合法の有する社会保障法的理念ないし目的に照らし、適合した解釈をほどこす余地があると解され」るとしたうえで、「戸籍上届出のある配偶者であっても、その婚姻関係が実態を失って形骸化し（て）事実上の離婚状態にある場合には、もはや右遺族給付を受けるべき配偶者に該当しないものというべきであ」り、重婚的事実婚の当事者が「（婚姻の）届出をしてないが事実上婚姻関係と同様の事情にある者」に該当し得ると判断している。

ころが、本件判決は①同性カップルは政策的に婚姻が禁じられておらず、②そもそも民法における婚姻の定義に該当する余地がないことを理由に、これらの判例との先例関係を否定している[26]。

　しかし、明文の禁止規定がないからといって同性婚が認められるとは言えないと同様に、明文の禁止規定がないがためにこれらの判例との先例関係を断つべき理由にはならないだろう。そもそも同性婚の発生を防止することを目的として制定された性同一性障害者の性別の取扱いの特例に関する法律3条1項2号の規定に鑑みれば、同性婚が政策的に禁じられていると解することは十分可能である[27]。

　また、婚姻の定義について、確かに当事者が既婚者又は近親者であったことを理由に婚姻意思の欠如によって当該婚姻が無効とならない。これらの事情が単なる取消事由とされているため、婚姻が一旦有効に成立し得る。したがって、重婚的関係や近親的関係の場合には、同性カップル関係と異なり、実定法上婚姻が有効に成立し得る以上、民法の定める婚姻の定義に含めざるをえないといえるかもしれない。だが、重婚的関係や近親的関係が民法の婚姻の定義に含まれ得る一点をもって同性カップルの関係が含まれ得ないことにはならない[28]。

　さらに、前記2で述べたとおり、同性愛あるいは婚姻そのものに対する社会通念の変容によって、当然に同性カップル関係を婚姻の定義から排除する合理的根拠が失われているように思われるところ、本件判決はなんら合理的根拠を提示していない。

　したがって、本件事案について、平成19年判決において示された柔軟な解

---

26)　匿名解説ではこれらの判例は「配偶者」の意義を解釈している点で手がかりとなっても本件事案の射程外であるとされている（判タ1482号131-132頁）。この点について確かに昭和58年判決は「事実上婚姻関係と同様の事情にある者」の意味というより、「配偶者」という文言の意味が解釈されているため、本件事案との先例関係が薄いかもしれないが、平成19年判決の事案は、民法上の配偶者たる者が存在しないときについて、「事実上婚姻関係と同様の事情にある者」という文言の解釈を示すものであるから、その先例性を容易には否定することができないと思われる。

27)　その立法理由は最決令和2・3・11 LEX/DB25570771において確認されている。すなわち、同法3条1項2号の規定は「現に婚姻している者について性別の取扱いの変更を認めた場合、異性間においてのみ婚姻が認められている現在の婚姻秩序に混乱を生じさせかねない等の配慮に基づくもの」とされている。

決に倣って、まず現行婚姻法秩序において同性婚が認められない理由を明らかにしたうえ、当該秩序維持の観点から問題とする必要がない程度に当該同性カップル関係の反公益性が著しく低いと認められる場合に、同法の目的を優先させるべき特段の事情があると解すべきだったのではなかろうか。

## 5　社会通念形成要件の内容と根拠

　最後に、本件判決はこれらの判例と異なって同性カップル関係当事者を同法の配偶者概念に含めるために同性カップル関係が婚姻と同視され得る社会通念が形成されていることが必要であるというときの社会通念の中身及びその根拠は何か。

　本件判決における社会通念は民法の定める婚姻法上の社会通念の概念とは次元を異にしている。民法上の社会通念は婚姻との同視可能性ではなく類似性を基礎とする概念[29]であり、その類似性は婚姻共同生活の具体的な特徴によって総合的に判断されてきた[30]。対して、本件判決の社会通念は同性カップル関係が日本社会全体においてどのように受け止められているかに関する事実から判断されている[31]。したがって、本件判決の社会通念の形成の有無は単な

---

28)　この点について敷衍して説明すると、一時期、重婚禁止（民法732条）の効果を無効ではなく単なる取消しとして重婚状態を法律上是認することは、比較法の観点から異例であり、一夫一婦婚に反し、既婚者の婚姻を当然無効とする主張が有力になった。ところが、このような主張に対して、諸外国法では無効婚についても一定の場合に婚姻の一部の効果が認められていることから、無効ではなく取消しとすることによってより柔軟な解決、したがって妥当な結果がえられるという批判を受けて改正論が収束した（青山＝有地編・前掲注6）202頁）。したがって、重婚等について婚姻が一旦有効に成立し得るのは重婚等が法律または社会一般において婚姻として是認され、その定義に含まれるべきものとして受け止められているためではなく、単なる法技術的な配慮結果である。

29)　戦前の準婚理論を受容したと解されてきた最判昭和33・4・11民集12巻5号789頁は「いわゆる内縁は…男女が相協力して夫婦としての生活を営む結合であるという点においては、婚姻関係と異なるものではな」いとしており、婚姻に準ずる関係の判断基準を婚姻との類似性に求めていることは明らかである。

30)　たとえば、挙式の有無、同居の有無、関係の継続性、性的関係の有無等の事実を認定することによって社会通念上の夫婦に沿った意思又は共同生活関係の実態があったか否かが判断される。

31)　具体的には、同性パートナーシップに関する公的認証制度の創設、地方自治体や民間企業による取組み、各種団体の提言、立法の動き、国民の意識に関するアンケート調査、そして海外の情勢等が考慮されるべき事実として評価されている。

る婚姻との類似性を基礎とせず、同性カップル関係に対する日本社会の許容と理解がその関係が婚姻として定義され得る程度に達したか否かよって定まる。

　なお、前掲平成 19 年判決も近親的関係に対する社会的許容に着目している。だが、要求される社会許容の程度は当該地域社会においておじと姪との内縁が散見され、そのような関係が当該地域社会において抵抗感なく受け入れられている例もあったことで足りるとし、日本社会一般がおじと姪の関係を許容しているか否かを精査することなく、当該関係の個別具体的な状況に照らしてその反公益性を判断している [32]。

　同性カップル関係について充足困難な社会通念形成要件を課す根拠として本件判決は犯給法の目的が、社会連帯共助の精神に基づいて、租税を財源として遺族等に一定の給付金を支給し、国の法制度全般に対する国民の信頼を確保する事にあると述べるにとどまる。犯給法上の給付が公的財源から支出されることから、確かに司法が婚姻法秩序に反してでもむやみに立法者の想定した受給権者の範囲を拡張すべきではない。しかし、この点は前掲平成 19 年判決についても妥当 [33] し、同性カップル関係の当事者についてその共同生活の実態に着目せず門前払いする理由にはならない [34]。

　本件判決の指摘するように、犯給法の主たる目的は犯罪被害者等が実際上不

---

32)　具体的に最高裁が、農業後継者の確保等の要請から親族間の結婚が少なからず行われていたというような地域的特性から、おじと姪との間の内縁が当該地域社会において抵抗感なく受け容れられているというような社会的、時代的背景がある場合に、このような背景の下に形成された三親等の傍系血族間の内縁関係については、当該関係が形成されるに至った経緯、共同生活期間の長短、子の有無、夫婦生活の安定性のほかに「周囲や地域社会の受け止め方」を総合的に判断すべきであると述べた上で、当該事案について「地元町長や A の職場の長もその成立を認証したというのであり、当初から反倫理的、反社会的な側面をもったものとはいい難く、親戚間では抵抗感なく承認され、地域社会や A の職場でも公然と受け容れられていた」と述べ、当該内縁関係の反公益性は「婚姻秩序維持等の観点から問題とする必要がない程度に著しく低いもの」であると判断している。

33)　具体的には最高裁が「厚生年金保険制度は…公的年金制度であり、遺族厚生年金が公的財源によって賄われている社会保障的性格の強い給付であること」または厚生年金保険制度が「被保険者及び事業主の意思にかかわりなく強制的に徴収される保険料に国庫負担を加えた財源によって賄われていること」から「民法の定める婚姻法秩序に反するような内縁関係にある者まで、一般的に遺族厚生年金の支給を受けることができる配偶者に当たると解することができない」と述べたうえで、特段の事情がある場合の前記例外を認めている。したがって、そのことから社会通念形成要件が導かれる必然性はなかろう。

法行為制度の下での損害賠償等により救済を受けられない場合が多い中で、その状況を放置した場合には法秩序に対する国民の不信感が生ずることから、その者の経済的・精神的な被害を早期に軽減することにあるが、同性カップル関係当事者の場合に不法行為に基づく損害賠償による救済の状況、すなわち要保護性の程度が変わるわけではない。要保護性の有無を考慮せず、またこれと同性カップル関係の個別具体的な反公益性を比較衡量することなく、犯給法の目的に沿った同法の配偶者概念への適切な該当性基準が果たして導き出せるだろうか。同性カップル関係に対する社会的な理解が高まっている中、実質的に経済的・精神的な被害を受ける当事者を放置することこそ、法制度一般に対する国民の信頼を損なうのではなかろうか [35]。

---

34)　この点について中村貴寿が指摘するように、同性愛者も納税者であることはいうまでもない。また同性愛者が少数者であってその中でも社会通念上の夫婦と同じような共同生活関係にある同性カップル関係の当事者が相当数にのぼるとは考えがたいこと、さらに犯給法上の給付金が支給される場面の例外的な性格に鑑みれば、同性カップル関係の当事者を同法上の概念に含めたからといって立法者が想定していた公的財源の支出は大幅に増えないだろう。もっとも、本件判決がそこまで給付金が税金から支出されていることを重視しているか否かは、少なくとも判決文等からは明らかでない。中村貴寿「同性カップルへの差別的扱いについて──名古屋地裁犯罪被害者給付金不支給裁定取消請求事件を中心として」全青司 485 号 12 頁。

35)　この点について、本件判決のいう国民の信頼を国民一般の信頼ではなく犯罪被害者の遺族の信頼、または期待権と捉えることもできる。この点について確かに、犯給法は第 1 順位遺族としての配偶者または事実婚当事者がいない場合には、親子や祖父母等の受給権を認めており（同法 5 条 1 項 2 号、3 号）、同性カップル関係当事者を配偶者概念に含めると、これらの者の受給権が失われる。しかし、同法が単なる身分関係より 2 回も共同生活の実態を優先させていることに照らすと、犯罪被害者と共同生活関係にあった者を優先させることは必ずしもこれらの者の信頼を裏切るとは言えないだろう。したがって、本件判決における国民の信頼を国民一般の信頼と読むべきではないかと思われる。なお、第 1 順位以下の遺族の信頼を指すと捉えた場合、次のような問題が考えられる。たとえば、A 男が女性と婚姻してその間で子どもをもったあと、当該女性と法律上または事実上離婚し、養育費などの扶養料を払いながら同性カップル関係に入るといったようなことが起こり得る。この場合、確かに同性カップル関係当事者を犯給法の配偶者概念に含めると、犯罪被害者たる A 男の収入に頼っていた配偶者又はその子が受給権を失うかもしれない。しかし、同様のことは重婚的事実婚の場合についても起こり得るため、同性カップル関係の当事者であることを理由に、これらの者の法制度への信頼が特に裏切られるとは言えない。

## V　おわりに

　本件事案は犯給法に関するものであるが、類似の規定を備えている社会保障等に関する法律は多数にのぼる。本件原告は控訴しているが、控訴審や最高裁判所が示す最終的な解決がこれらの法律の解釈に対しても重大な影響を及ぼすだろう。その際には本件判決が示したように、犯給法の目的に照らして当該法令の配偶者概念への該当性を判断すべきであろう。しかし、先例に沿ってより柔軟な解釈を採用し、又はこれを否定すべき妥当な根拠の提示が求められよう。

〔3〕判例解説：札幌地判令和 3・3・17 判時 2487 号 3 頁——同性婚を認めない民法等の規定の憲法適合性

青 竹 美 佳

## I　事実の概要

　X1・X2 および X3・X4 は 2 組の男性同士のカップル、X5・X6 は女性同士のカップルである。X らが提出した婚姻届は、同性であることを理由として不受理とされた。X らは、同性の者同士の婚姻を認めない民法 739 条 1 項および戸籍法 74 条 1 号の規定（以下「本件規定」とする）は、憲法 13 条、14 条 1 項および 24 条に反するとし、国 Y が必要な立法措置を講じていないことについて国家賠償法 1 条 1 項の適用上違法であるとして、Y に慰謝料 100 万円等の支払いを求めた。

　当事者の本件規定と憲法との関係についての主張は以下の通りである。

　まず、憲法 24 条および 13 条に関して、X らは、憲法 24 条 1 項による婚姻の自由の保障は同性者間の婚姻にも及ぶとし、婚姻の自由の保障は個人の尊重に不可欠であるとして、同性婚を認めない本件規定は、婚姻の自由を不当に侵害し、憲法 24 条 1 項、2 項および 13 条に反すると主張した。これに対して Y は、わが国における婚姻制度は生殖と結び付いた、男女間の結合を公証する制度であること、憲法 24 条 1 項は「両性」、「夫婦」の文言を用いていることから、明らかに婚姻が男女間のものであるとする前提をとり同性者間の婚姻を認めていないこと、したがって、本件規定による婚姻制度は、憲法の要請に従っており、それを超えて新たな婚姻制度の設定を求める権利は憲法 13 条によって保障されていない、と主張した。

　次に、憲法 14 条に関して、X らは、性的指向は自らの意思で操作することができないから、性的指向により婚姻できないとする扱いは、憲法 14 条 1 項の性別または社会的身分による差別であり、別異扱いの合理性は厳格に審査されるべきであると主張した。そして、婚姻の目的は親子関係の法的確定のみではないこと、同性愛者は婚姻できないため届出により公証されて心理的・社会

的利益、法的・経済的利益および事実上の利益を受けることができないこと、同性愛の性的指向は精神疾患ではないことが明らかにされていること、諸外国においても同性婚や同性婚類似の制度が導入され、日本でも地方公共団体が登録パートナーシップ制度を導入していることから、本件規定は合理的根拠のない差別扱いをするものであり憲法14条1項に反するとした。

　これに対してYは、同性愛者も異性との間では婚姻することができ、異性愛者と同性愛者を問わずに婚姻制度の利用が認められていることから、本件規定は同性愛者を差別するものはいえないと主張した。さらにYは、本件規定は子を産み育てる夫婦関係を保護する目的に合致していること、同性愛者のカップルは婚姻できないとしても、契約や遺言により婚姻と同様の法的効果を享受することができることから不合理な区別扱いをするものではないと主張した。

## II　判旨

### 1　本件規定が憲法24条または13条に違反するかについて

　憲法24条が「『両性』、『夫婦』という異性同士である男女を想起させる文言を用いていることにも照らせば、同条は、異性婚について定めたものであり、同性婚について定めるものではないと解するのが相当である。そうすると、同条1項の『婚姻』とは異性婚のことをいい、婚姻をするについての自由も、異性婚について及ぶものと解するのが相当であるから、本件規定が同性婚を認めていないことが、同項及び同条2項に違反すると解することはできない。」
「また、憲法24条2項は、婚姻及び家族に関する事項について、具体的な制度の構築を第一次的には国会の合理的な立法裁量に委ね、同条1項はその裁量権の限界を画したものと解される」。「同条によって、婚姻及び家族に関する特定の制度を求める権利が保障されていると解することはできない。」「包括的な人権規定である同法13条によって、同性婚を含む同性間の婚姻及び家族に関する特定の制度を求める権利が保障されていると解するのは困難である。」「生殖を前提とした規定（民法733条以下）や実子に関する規定（同法772条以下）など、本件規定を前提とすると、同性婚の場合には、異性婚の場合とは異なる身分関係や法的地位を生じさせることを検討する必要がある部分もあると考え

られ、同性婚という制度を、憲法 13 条の解釈のみによって直接導き出すこと
は困難である。」「したがって、同性婚を認めない本件規定が、憲法 13 条に違
反すると認めることはできない。」

## 2　本件規定が憲法 14 条 1 項に違反するかについて

「同性愛者のカップルは、重要な法的利益である婚姻によって生じる法的効果
を享受する利益の一部であってもこれを受け得ないとするのは、同性愛者のカ
ップルを保護することによって我が国の伝統的な家族観に多少なりとも変容を
もたらすであろうことを考慮しても、異性愛者と比して、自らの意思で同性愛
を選択したのではない同性愛者の保護にあまりにも欠けるといわざるを得な
い。」

　「Y は、同性愛者のカップルであっても、契約や遺言により婚姻と同様の法
的効果を享受することができるから、不利益はない旨主張する。

　しかしながら、婚姻とは、婚姻当事者及びその家族の身分関係を形成し、戸
籍によってその身分関係が公証され、その身分に応じた種々の権利義務を伴う
法的地位が付与されるという、身分関係と結び付いた複合的な法的効果を同時
又は異時に生じさせる法律行為である」。「婚姻と契約や遺言は、その目的や法
的効果が異なるものといえるから、契約や遺言によって個別の債権債務関係を
発生させられることは、婚姻によって生じる法的効果の代替となり得るものと
はいえず、Y の上記主張は、採用することができない。」「本件規定が、異性
愛者に対しては婚姻という制度を利用する機会を提供しているにもかかわらず、
同性愛者に対しては、婚姻によって生じる法的効果の一部ですらもこれを享受
する法的手段を提供しないとしていることは、立法府が広範な立法裁量を有す
ることを前提としても、その裁量権の範囲を超えたものであるといわざるを得
ず、本件区別取扱いは、その限度で合理的根拠を欠く差別取扱いに当たると解
さざるを得ない。

　したがって、本件規定は、上記の限度で憲法 14 条 1 項に違反すると認める
のが相当である。」

### 3　本件規定を改廃しないことが、国家賠償法 1 条 1 項の適用上違法であるかについて

「同性婚や同性愛者のカップルに対する法的保護に否定的な意見や価値観を有する国民は少なからず存在するところである。

これらのことに加え、昭和 22 年民法改正以後、現在に至るまで、同性婚に関する制度がないことの合憲性についての司法判断が示されたことがなかったことにも照らせば、本件規定が憲法 14 条 1 項に反する状態に至っていたことについて、国会において直ちに認識することは容易ではなかったといわざるを得ない。」「憲法上保障され又は保護されている権利利益を合理的な理由なく制約するものとして憲法の規定に違反することが明白であるにもかかわらず、国会が正当な理由なく長期にわたって改廃等の立法措置を怠っていたと評価することはできない。

したがって、本件規定を改廃していないことが、国家賠償法 1 条 1 項の適用上違法の評価を受けるものではないというべきである。」

## III　評釈

### 1　本判決の意義と特徴

本判決は、同性婚を認めない本件規定を憲法 14 条に反するとの立場を明確にし、同性婚についての訴訟で初めて違憲判断を示したため大きな注目を集めた。もっとも、憲法 13 条および 24 条から同性婚について具体的な権利を導くことに対しては、本判決は慎重な立場を示した。その上で、自らの意思で変更することのできない性的指向の差により同性愛者にのみ婚姻から生ずる法的効果の享受を認めないとすることは、合理的根拠を欠く差別的取扱いであるとして、憲法 14 条違反の判断を示した点に本判決の特徴がある。本判決の結論においては、X らによる国家賠償法上の損害賠償請求が認められず X らは敗訴したが、違憲判断が示されたという点では、X らの主張を認める判断が示されたといえる [1]。

## 2　同性婚と民法上の婚姻との関係についての学説と裁判例

同性婚の民法上の婚姻における位置づけについてみると、通説は、民法上の婚姻を男女間の関係であるとし[2]、同性の結合は含まれないとする[3]。これは、形式的には、民法 731 条が「男」、「女」の文言を用いていること、民法 750 条以下が「夫婦」の文言を用いていることによるが、実質的には、婚姻当事者の間で子を儲け、生まれた子を養育・教育することを婚姻の意義として重視する見方に基づいている[4]。裁判例も、婚姻の届出がされた同性婚について婚姻意思を欠き無効と判断したものがあり[5]、同性婚を婚姻から除外する立場を明確にしている。

これに対して、婚姻における婚姻当事者の関係を重視する立場からは、民法上の婚姻を男女の関係に限ることに合理性がないとして、同性婚を民法上の婚姻から除外することへの批判が提起されている[6]。このような批判的な立場は、近時の性中立化の拡がりから、学説において支持を受けている[7]。

---

1)　渡邉泰彦「同性カップルによる婚姻・家族」法セ 799 号（2021）34 頁は、本判決について X らは「勝負に勝って試合に負けた」と評している。なお X らは控訴している。

2)　有地亨『家族法概論［新版補訂版］』（法律文化社、2005）72 頁、泉久雄『親族法』（有斐閣、1997）49 頁、大村敦志『家族法［第 3 版］』（有斐閣、2010）133 頁、我妻栄『親族法』（有斐閣、1961）14 頁等。

3)　同性婚が民法上の婚姻に含まれないことを明示する学説として、泉・前掲注 2）49 頁、大村・前掲注 2）134 頁、我妻・前掲注 2）18 頁等。

4)　たとえば、有地・前掲注 2）73 頁は、婚姻制度には、社会の性秩序の維持と子の監護・教育等の機能を果たすことが期待されるとする。大村・前掲注 2）286 頁も、子を生み育てることを含意して夫婦が共同生活を送るという婚姻の特殊性を指摘する。なお、泉・前掲 2）51 頁は子の出生は婚姻の本質に結び付いているとしながら、子の出生は婚姻に不可欠とまではいえないとする。

5)　佐賀家審平成 11・1・7 家月 51 巻 6 号 71 頁。

6)　青山道夫＝有地亨編『新版註釈民法（21）』（有斐閣、1989）179 頁〔上野雅和〕は、婚外子と婚内子を平等に扱うべきとの見方が一般化し、生殖が婚姻に結び付かなくなってきたこと等から、子を儲けて養育・教育する婚姻の意義が後退しているとする。同様の視点を示すものとして、石川稔「同性愛者の婚姻［その 2］─同性婚は認められるか」法セ 356 号（1984）60 頁、星野茂「わが国における同性愛者をめぐる家族法上の諸問題」法論 69 巻 3＝4＝5 号（1997）245 頁。

7)　二宮周平編『新注釈民法（17）』（有斐閣、2017）78 頁以下〔二宮〕。南方暁「婚姻法グループの改正提案─婚姻の成立─」家族〈社会と法〉33 号（2017）99 頁。

## 3 同性婚の憲法上の位置づけについての学説

　民法上の婚姻は男女間の結合のみを指し、同性婚は現行民法上は婚姻に含まれないとする一般的な理解に従うと、本件規定は同性愛者の差別的取扱いや婚姻締結の自由の侵害等の点で違憲なのではないかが問題となる。

### （1） 憲法 14 条との関係について

　本判決は、この問題について、本件規定が同性婚を認めないことにより、異性愛者と同性愛者との間に、「合理的根拠を欠く差別取扱い」が生じているとの判断を示している。学説においては本判決以前から、同性婚の禁止が憲法 14 条の法の下の平等に反する可能性があるとの立場が提示されていた。すなわち、性的指向に基づく差別は、憲法上明示的に禁止されていないが、国際人権法においては禁止されており、異なる扱いを正当化するには特に重大な理由を要するとされていることから、日本でも、性的指向に基づく異なる扱いを正当化するためには合理的な理由を求めるべきであるとの見解が提示されている 8)。本判決はこのような見解に親和的な立場を示したものといえる。

　もっとも、学説においては、本判決の憲法 14 条に基づく判断の妥当性を疑問視する立場が主張されている。これによると、先例が婚姻および家族について広範な立法裁量を認める前提を示しており 9)、本判決はこれに基づいて同性婚を認めない立法を憲法 24 条に反しないとの立場を示しているにもかかわらず、本件規定は憲法 14 条には反すると判断した点が不自然であると指摘されている 10)。

### （2） 憲法 13 条との関係について

　本判決は、同性婚を認めないことをもって憲法 13 条違反と評価することはできないとの判断を示した。すなわち、現行婚姻制度が異性間の婚姻を前提と

---

8)　大島梨沙「日本における『同性婚』問題」法セ 706 号（2013）9 頁、谷口洋幸「同性間パートナーシップの法的保障」ジェンダーと法 10 号（2013）113 頁。なお、鈴木伸智・法時 88 巻 5 号（2016）59 頁はアメリカ合衆国の多くの州で、大島梨沙・法時 88 巻 5 号（2016）65 頁はフランスで、この問題が異性カップルと同性カップルの不平等扱いの問題と捉えられている状況を示す。

9)　最大判平成 27・12・16 民集 69 巻 8 号 2586 頁、最大決令和 3・6・23 裁時 1770 号 3 頁。

10)　西山千絵「婚姻を求める同性カップルへの法的保護」法セ 798 号（2021）59 頁。もっとも、婚姻を求める同性カップルのために有意義な判断を示すためには、憲法 13 条および同法 24 条における同性カップルの位置づけが先例および学説において十分に検討されていない段階では、裁判所としては憲法 14 条を持ち出す必要があったとの理解が示されている（60 頁）。

していること、嫡出推定に関する規定（民 772 条）等、同性婚と異性婚とで異なる身分関係を生じさせることの検討を要する規定があること等から、同性婚という制度を、憲法 13 条から直接導き出すことは困難との立場を明らかにした。

これに対して、学説においては、同性婚の禁止が憲法 13 条の幸福追求権を侵害するという構成があり得ることが主張されている。民法学説においては、現在の日本にはパートナーシップ制度のような同性パートナーのための特別の制度がなく内縁としての保護も認められないとすると [11]、同性愛者は共同生活を送るのが困難となることから、同性婚の禁止を憲法 13 条違反と捉えることが可能であるとの立場 [12]、婚姻締結の自由とりわけ配偶者選択の自由が個人の尊重および幸福追求に関する憲法 13 条によって保障されるとの観点から、同性婚の禁止が同条に違反するという立場が提示されている [13]。また、憲法学説において、家族関係の形成は人格的価値を有するとして、同条に基づいて同性婚を認める可能性を示す見解が有力に主張されている [14]。本判決はこれらの有力な見解によらず、憲法 13 条ではなく同法 14 条による本件規定の憲法違反の判断を導き出した。

（3）　憲法 24 条との関係について

本判決は、婚姻をする自由について規定する憲法 24 条における婚姻とは異性婚のことを指すとし、本件規定が同性婚を認めないことをもって同条に反するとはいえないとの判断を示した。これまで学説においては、同条に関しては、同性婚を認めないことの違憲性を論じる根拠としてではなく、主に同条が同性婚を禁止する意義を有するか否かの観点から論じられてきた。

すなわち、同条 1 項は「婚姻は、両性の合意のみに基づいて成立し」と規定し、「両性」を明示していることから、婚姻は男女間にしか認められず、したがって同性婚を禁じる意義を有するかが学説上問題とされてきた。多数説は、

---

11)　もっとも、近年の下級審判例には後記東京高判令和 2・3・4 判時 2473 号 47 頁等、同性カップルの内縁としての保護を認めるものがある。

12)　大島・前掲注 8) 8 頁。

13)　二宮周平「同性婚導入の可能性と必然性」立命館法学 393＝394 号（2020）620 頁以下。

14)　西山・前掲注 10) 60 頁、安西文雄＝巻美矢紀＝宍戸常寿『憲法学読本［第 3 版］』（有斐閣、2018）118 頁〔安西〕、佐藤幸治『日本国憲法論［第 2 版］』（成文堂、2020）215 頁。

同条 1 項は、両性であることを強調する趣旨ではなく、戸主制度の時代には阻害されていた婚姻当事者の自由な意思の尊重を目的としており、同性婚を禁止する意味をもたないと捉える[15]。このように学説においては、同条は同性婚を禁じるものではないと捉えられ、同性婚を認める立法をすることは同条に反しないとみられている。しかしこれを一歩進めて、本判決で X らが主張するような、憲法 24 条は異性間にも及ぶ婚姻の自由を保障し、同性婚を認めない立法は本条に反するとみる見解は、学説においてこれまで共有されてこなかった。したがって本判決は、学説の動向に沿った慎重な判断を示したとみられる。

## 4 同性カップルが「婚姻によって生じる法的効果」を享受する可能性

本判決は、本件規定を憲法 14 条違反とする理由として、「同性愛者に対しては、婚姻によって生じる法的効果の一部ですらもこれを享受する法的手段を提供しないとしている」ことにつき、合理的根拠を欠く差別的取扱いが生じているとしている。これによれば、同性婚が認められなくても婚姻の法的効果を同性愛者が享受することができれば、本件規定は合理的根拠を欠く差別的取扱いとはいえず、憲法 14 条に反しないとの理解も成り立ちうるようである[16]。もっとも、本判決がいうように、例えば婚姻による相続上の効果と同様の効果を遺言によっても享受し得るということは、婚姻の法的効果を同性愛者が享受することにはならない。このような個別的な効果ではなく、身分関係に基づく複合的な法的効果を受け得るのでなければ、婚姻による法的効果を同性愛者が享受したとはいえない、と捉えられている。日本では、同性パートナーシップ制度等の婚姻類似の制度が存在しないため、現状ではこのような身分関係に基づく複合的な法的効果を同性愛者は受けることができないといってよい。しかし、日本でも、同性愛者が事実婚関係あるいは養親子関係を築くことは認められるとすれば、婚姻から生じる法的効果と同様の、あるいは類似の効果を享受でき、合理的根拠を欠く差別的取扱いを受けているとはいえないとの評価も成り立ち

---

15) 辻村みよ子『憲法と家族』（日本加除出版、2016）128 頁、二宮・前掲注 7）79 頁、大島・前掲注 8）8 頁、安西・前掲注 14）118 頁。

16) 渡邉泰彦「本件判批」新・判例解説 Watch, vol. 29. 104 頁は、憲法 14 条違反となる区別取扱いを、「婚姻」そのものに関するものとみることもできたと主張する。

うるのではないかが問題になる。そこで、同性カップルの事実婚に基づく保護、同性カップルの普通養子縁組による法的利益の享受がどの程度実現しているかについて法的状況をみておくことにする。

（1）　同性カップルの事実婚に基づく法的保護

事実婚（内縁）は、判例および学説において法律婚に準ずる関係として保護を受け、婚姻法の多くの規定の類推適用が認められている[17]。類推適用が認められるのは、婚姻費用分担義務（民 760）、貞操義務（明文の規定なし）、同居協力義務（民 752）、日常家事の連帯責任（民 761 条）、財産分与（民 768 条）等である[18]。これに対して、類推適用が認められないのは、夫婦同氏（民 750 条）、姻族関係の発生（民 725 条）、嫡出推定（民 772 条）、配偶者相続権（民 890 条）等の規定である[19]。また、事実婚夫婦は、未成年子との共同縁組（民 795 条[20]）および特別養子縁組（民 817 条の 2）をすることができない[21]。親権についても、法律婚によらないカップルは子の共同親権者（民 818 条）にならないと解されている[22]。このように、事実婚夫婦は、婚姻によって生じる法的効果をその全てではないが、一定の部分において享受することができる。

もっとも、事実婚はこれまで、異性のカップルを前提としてきたため、同性カップルが事実婚に基づいて婚姻から生じる法的効果を受けることができるかどうか問題となる。以前は同性カップルを事実婚として保護する判断を示す公表判例はなかったが、学説では共同生活の実態に即した保護を中立的に行うべきであるとしてこれを認める見解が主張されていた[23]。近年、下級審裁判例は、女性同士のカップルの関係を内縁関係に準じて保護することができるとし、

---

17)　最判昭和 33・4・11 民集 12 巻 5 号 789 頁は内縁が婚姻に準ずる関係であることを認めた。

18)　二宮周平『家族法［第 5 版］』（新世社、2019）154 頁、常岡史子『家族法』（新世社、2020 年）82 頁。

19)　常岡・前掲注 18）82 頁、二宮・前掲注 18）155 頁。

20)　もっとも、同性カップルの場合について、一方が未成年子と縁組をした後に他方と子が転縁組をすることで、同性カップル双方と子との法的親子関係を発生させることができることが指摘されているが、このことは事実婚夫婦一般に妥当する。渡邉・前掲注 1）36 頁。

21)　大島梨沙「同性カップルによる家族形成と法制度の変容」二宮周平編『性のあり方の多様性』（日本評論社、2017）237 頁、渡邉・前掲注 1）36 頁。

22)　大島・前掲注 21）237 頁、渡邉・前掲注 1）36 頁。

同性間の事実婚と異性間の事実婚について保護すべき利益の程度に差は存在しないとして、同性の事実婚関係の解消に伴う慰謝料請求を認めた[24]。同性カップルの事実婚に基づく保護が一般化すれば、婚姻から生じる複合的な法的効果を同性愛者も受けることができ、婚姻が認められなくても、不合理な差別扱いとはいえない、という評価も成り立ちうるであろう[25]。

（2）　同性カップル間の普通養子縁組

　同性カップルは婚姻が認められない代わりに普通養子縁組をすることが法的に可能であるとされている[26]。普通養子縁組をした同性カップルには、法的な親子関係が発生し、互いに相続権（民887条1項）、扶養義務（民877条1項）が生じ、同氏の原則が妥当するなど（民810条）、婚姻によって生ずる法的効果と類似の効果が生じる。もっとも、養子縁組により設定される身分関係は夫婦ではなく親子であるから、相互に婚姻費用分担義務、財産分与義務は発生せず、（同性養親子の一方とのみ血縁関係を有する子の）嫡出推定や特別養子縁組に必要な夫婦の要件を同性カップルが満たすことにはならない。このように、同性カップルは、普通養子縁組により、婚姻によって生じる法的効果と類似の効果の全てを享受することはできないが、その一部を享受することができる。

　もっとも、同性カップルによる養子縁組は、縁組を有効とするための縁組意思の存否が、──同性カップルには親子関係を築く意思はないとみられるため──問題にされる。近年の下級審裁判例は、同性カップルによる同性愛関係を継続する目的での養子縁組において、縁組意思を認める判断を示し、同性カップルによる縁組に肯定的な立場を示している[27]。

---

23）　大島・前掲8）7頁、二宮周平「同性パートナーシップの公的承認」二宮編『性のあり方の多様性』（日本評論社、2017）21頁以下。

24）　前掲注11）東京高判令和2・3・4。小川恵「判批」法セ788号（2020）121頁、森山浩江「判批」ジュリ1557号（2021）63頁は、同性婚が認められない状況での同性パートナーの事実婚としての保護に肯定的な立場を示している。

25）　谷口・前掲注8）113頁は、性的指向に基づく差別を解消するために、最低限異性間パートナーシップの事実婚としての法的保護が必要であると主張するが、これは、同性カップルの事実婚に基づく保護が認められれば、同性カップルに婚姻を認めないことが必ずしも不合理な差別とはいえないとの見方につながりうる。

26）　大村・前掲注2）213頁、二宮・前掲注18）208頁、渡邉・前掲注1）30頁。

（3）　分析

このように、事実婚関係の設定、普通養子縁組により、婚姻から生じる法的効果の全てではないものの、様々な効果の中で重要な効果を同性カップルは受けることが可能である。上述のように下級審判例において同性カップルを事実婚に基づいて、または普通養子縁組により柔軟に保護する傾向がみられる。この点を重視すれば、現行法においても、同性カップルは婚姻から生じる法的効果のうちの重要な効果を複合的に享受することができ、同性婚を認めない本件規定は必ずしも不合理な差別的取扱いをしているとはいえないとの評価も十分に成り立つであろう。

もっとも、上述 4（1）、（2）から明らかなように婚姻以外の方法により、婚姻から生じる効果と同様の効果の全てを享受することはできない。とりわけ親子についての法的効果に関しては、同性カップルは、婚姻以外の方法により、特別養子縁組、嫡出推定、共同親権についての法的効果を享受することはできない。これは同性カップルの双方が共に子の法的な親としての法的身分、共同親権者の立場を得る機会を妨げるという点で重大な不利益であるとみられる。このことから、本件規定が不合理な差別的取扱いをもたらす規定であるとの本判決の判断は正当であったと評価しうる。

## 5　本判決の立法に与える影響

本判決は、違憲判断を示したことから、同性婚を認める法改正の議論を促す大きなきっかけになっているとみられる[28]。もっとも、同性婚を認める立法以外に、事実婚関係の設定、養子縁組等により、同性愛者が不利益を一定程度は解消する方法がある。同性婚の可否だけではなく、親権の柔軟化、婚姻制度

---

27)　東京高決平成 31・4・10LEX/DB:25570294 は、同性愛関係を継続する目的を持ちつつ、扶養や相続の法的効果や、同居生活を送り精神的に支え合うといった社会的効果を享受するためにする養子縁組で縁組意思が認められるとの判断を示した。

28)　西山・前掲注 10）60 頁。もっとも、加藤丈晴「同性婚をめぐる初の憲法判断とその影響」判時 2487 号 22 頁は、法改正の実現のためには、本件と同様に同性カップルが提起した他の地方裁判所（東京、名古屋、大阪）、高等裁判所、最高裁判所が同性婚を法制化しない国会の不作為を違法とする踏み込んだ判決をすること、同性婚に対する世論の支持を高めることが必要であると指摘する。

以外のパートナーシップ制度による対応など、他の方法も含めて現在生じている問題を解決する方法を検討する必要性が指摘されている[29]。本判決も、同性婚を認める法改正を促す意義を持つのは確かではあるが、それだけではなく、多様な生き方の尊重と平等の観点から同性愛者に現行法上生じている不利益を解消するための、様々な方策を模索することの重要性を訴える意義を有するとみられる。

＊本稿は、科研費・基盤研究（c）（課題番号：17K03459）による研究成果の一部である。

---

29) 大島・前掲注21) 238頁は、同性婚を導入することが婚姻の強制にならないようにする必要があるとの視点を提示する。

# 第4章　当期（平成31年から令和2年）の家事法裁判例

松　原　正　明

　平成31年から令和2年に判例誌に掲載された判例を概観する。紙数の関係等で本稿に掲載できなかった判例については、後日別の書籍にまとめて紹介する予定である。

114

〔1〕親族編


## 1 婚姻費用の分担

### (1) 婚姻費用分担審判の申立後に当事者が離婚した場合の婚姻費用分担請求権の帰すう

　婚姻費用分担の申立てに係る審判又は調停の係属中に離婚が成立した場合に、離婚成立時までの過去の婚姻費用分担請求権が当然に消滅するか否か、当該申立てが不適法となるか否かという問題があり、従前から学説、下級審裁判例が、①消滅説、②転化説、③存続説に分かれていた。

　①消滅説は、離婚後は、過去の婚姻費用分担請求権は消滅するという見解である（中川淳『改訂親族法逐条解説』（日本加除出版、1990）123 頁等。神戸家審昭和 37 年 11 月 5 日家月 15 巻 6 号 69 頁）。婚姻費用分担請求権は婚姻関係の存続を前提とするものであるから、具体的な請求権の形成前に夫婦が離婚し、婚姻関係が消滅したときには、婚姻費用分担請求権も消滅すること、離婚

後の過去の婚姻費用は財産関係の清算である財産分与の中で解決すべきことなどを理由として挙げる。これによれば、離婚前から係属中の婚姻費用分担の審判等の申立ては、離婚により原則として不適法となると解される。

　②転化説は、離婚後は、過去の婚姻費用分担請求権は消滅するが、財産分与請求権に性質が変化して存続するという見解である（島津一郎編『注釈民法(21)』（有斐閣、1966）201 頁〔島津一郎〕等。大阪高決平成 11 年 2 月 22 日家月 51 巻 7 号 64 頁）。この見解に立った上、係属中の婚姻費用分担の審判等の申立ては、離婚後は財産分与の審判等の申立てに変更されたものとして扱うことができると解すれば、係属中の申立ては適法となる。

　③存続説は、離婚後も、離婚時までの過去分の婚姻費用分担請求権は存続するとの見解である（中山直子『判例先例　親族法—扶養—』（日本加除出版、2012）97 頁等。名古屋高決昭和 52 年 1 月 28 日判タ 354 号 282 頁等）。この見解によれば、係属中の婚姻費用分担の審判等の申立ては離婚後も当然適法ということになる。

　[1]【最決令和 2 年 1 月 23 日判時 2454 号 18 頁】では、この点が問題となった。

　X（妻）は、Y（夫）と平成 26 年頃から別居状態にあったが、Y に対し、平成 29 年 12 月、夫婦関係調整調停の申立てをし、さらにその約 5 か月後の平成 30 年 5 月、婚姻費用分担調停の申立てをした。XY 間では、平成 30 年 7 月、離婚の調停が成立したが、同調停においては、親権者の指定及び年金分割に関する合意がされただけで、財産分与についての合意はされず、また、いわゆる清算条項も定められなかった。一方、婚姻費用分担調停事件は、上記離婚調停の成立と同日、不成立となり、審判手続に移行した（以下、この申立てを「本件申立て」という）。原々審判は、Y に対して離婚時までの婚姻費用分担金として約 74 万円の支払を命じたが、原決定は、離婚の成立により、X の Y に対する婚姻費用分担請求権は消滅したから、本件申立ては不適法であるとして、原々審判を取り消し、本件申立てを却下した。

　[1] は、以上のような事実関係において、婚姻費用分担審判の申立て後に離婚により婚姻関係が終了したとしても、婚姻関係にある間に当事者が有していた離婚時までの分の婚姻費用についての実体法上の権利が当然に消滅するもの

と解すべき理由は何ら存在せず、家庭裁判所は、過去に遡って婚姻費用の分担額を形成決定することができるのであるから（最高裁昭和 40 年 6 月 30 日民集19 巻 4 号 1114 頁大法廷決定参照）、夫婦の資産、収入その他一切の事情を考慮して、離婚時までの過去の婚姻費用のみの具体的な分担額を形成決定することもできると解するのが相当であり、このことは、当事者が婚姻費用の清算のための給付を含めて財産分与の請求をすることができる場合であっても、異なるものではないとして、原決定を破棄し、本件を原審に差し戻した。

判示からして、消滅説及び転化説を否定し、存続説に立ったことは明らかである。

### （2）幼児教育・保育の無償化と婚姻費用分担額の関係

妻である相手方と夫である抗告人との間には長女及び二女の 2 人の子がおり、夫婦は別居状態にあって妻は 2 人の子どもとともに実家で生活しているが、夫に対し、婚姻費用分担金の支払を求めた事案の抗告審において、抗告人が令和元年 10 月から幼児教育・保育の無償化が開始されるから、私立幼稚園の費用を加算するとしても同月以降無償とされる費用相当額を控除すべきである旨主張したのに対し、抗告審 [2]【東京高決令和元年 11 月 12 日判タ 1479 号 59頁】は、幼児教育の無償化は、子の監護者の経済的負担を軽減すること等により子の健全成長の実現を目的とする公的支援であり、私的な扶助を補助する性質を有するにすぎないから、幼児教育の無償化開始を理由として婚姻費用分担額を減額すべきではないと判示した。

幼保無償化と婚姻費用分担額については、高等学校の授業料の無償化（公立の高等学校に係る授業料については、平成 22 年 4 月 1 日から施行された公立高等学校に係る授業料の不徴収及び高等学校等就学支援金の支給に関する法律により、一律不徴収となったが、公立高校の授業料の不徴収制度は、平成 26年 4 月に廃止され、所得制限及び支給限度額のある就学支援金制度に改められた。）と婚姻費用分担額との関係について議論が参考になる。福岡高那覇支決平成 22 年 9 月 29 日家月報 63 巻 7 号 106 頁は、無償化により権利者が監護養育している県立高校在学中の長女の年額 11 万 8000 円の授業料が不要となったことについて、これらの公的扶助等は私的扶助を補助する性質のものであるから、婚姻費用の減額事由とはならない旨判示しており、高校の授業料の不徴収

は原則として婚姻費用分担額の減額事由とはならない旨判示したものと解される（許可抗告審（最決平成 23 年 3 月 17 日決家月報 63 巻 7 号 114 頁）も、「授業料の不徴収が婚姻費用分担額に影響しないとした原審の判断は、十分合理性があり、是認することができる」として、抗告を棄却した。）。

　［2］は、令和元年 10 月からの幼児教育・保育の無償化開始を理由として婚姻費用分担額を減額すべきではない旨判示したものである。公立高等学校に係る授業料の不徴収及び高等学校等就学支援金の支給に関する法律も幼児教育・保育の無償化を定める子ども・子育て支援法も、いずれも、保護者の経済力いかんに関わらず子どもに必要かつ十分な教育を施すことを趣旨・目的とする給付であり、高校授業料不徴収制度につき、私的扶助を補助する公的支援であるから婚姻費用の額を定めるに当たって考慮すべきでないとした前記高裁決定及びこれを維持した最高裁決定の趣旨は、幼保の無償化にも妥当する。したがって、無償化により、標準算定方式に基づく婚姻費用分担額が減額されることはないと解すべきであろう。

## 2　子の監護者

　別居中の夫婦の一方から、現に子を監護している他方に対する子の監護者の指定及びこれに伴う子の引渡しの請求は、子の監護に関する処分（家事事件手続法別表第 2 の 3 の項）の一態様として扱われており、子の監護について必要な事項は、「子の利益を最も優先して考慮しなければならない」（民法 766 条 1 項）とされている。何が子の利益にあたるかが問題となるが、親権者の適格性の問題と同様に当該事案における諸事情を総合的に比較考量して決定される。裁判例にあらわれた比較考量すべき具体的諸事情としては、父母の側の事情として、①監護能力、②精神的・経済的家庭環境、③居住・教育環境、④子との親和性、④監護補助者の有無、子の側の事情として、①子の年齢・性別・心身の発達程度、②従来の環境への適応状況、③環境の変化への適応性、④子の意向、⑤父母及び親族との親和性などがあげられている。諸事情の比較考量により決定する際の困難性を補完する基準として、母性の優先（乳幼児の場合）、継続性の原則（未成年者が小学校高学年程度以上の場合）、子の意思の尊重や

きょうだい不分離の原則などがあげられる。もっとも、これらの原則は補完的なものであり、これにより直ちに子の監護者を決定すべきではなかろう。

## （1）子の意思の尊重（きょうだい不分離との関係）

［3］【大阪高決令和元年 6 月 21 日家法 29 号 112 頁】の事案は次のとおりである。

抗告人父 A（原審相手方、昭和 44 年生）と相手方母 B（原審申立人、昭和 47 年生）は、平成 16 年婚姻し、平成 19 年長男 C と長女 D の双子をもうけたが、平成 29 年 8 月、B は、C 及び D を連れて、同じ小学校区内の賃貸マンション（B 宅）に移り住み、A と別居した。C は、平成 30 年 1 月夜家人が寝た後、A 宅に赴き、以降、母 B が長女 D を父 A が長男 C を監護・養育している。

A は、B との別居後、主として祖母（昭和 16 年生）の補助を受けて C を監護している。祖母は実家から A 宅に移り住み、C が高校生になるまでその監護を補助する意向である。C（小学校 5 年生）の生活状況、学校関係に特段の問題はない。C は、家族一緒に生活したいが、それができないのなら、A と住むことを希望している。

B は、A との別居後、D を監護している。D（小学校 5 年生）の生活状況、学校関係に特段の問題はない。D は、C と離れてからも生活に変化はなく、父 A と会うことに親和している。

A と B は、本件が終局するまでの間、平成 30 年 5 月以降、毎月 2 回、父 A と長女 D、母 B と長男 C とがそれぞれ面会交流することを認める旨の暫定的な合意を交わした。A と D との面会交流は比較的円滑に実施されたが、C は、B との面会交流に消極的であり、日時の変更や不在、不出頭などが重なるなど、円滑に実施されなかった。B は A に対し、平成 30 年 1 月 C、D の監護者指定と C の引渡しの審判と審判前の保全処分を申し立てたが、同年 7 月本件審判手続に移行した。

原審［4］【大阪家審平成 31 年 1 月 11 日家法 29 号 116 頁】は、別居前の主たる監護者は母 B であり、その監護状況に問題がなく、C と D は小学 5 年生であって、身の回りの世話を要するが精神的な自立が進む年代にあり、このような時期には成長過程を踏まえた細やかな配慮が重要であり、これは愛着関係

を形成している主たる監護者においてより適切に行うことができるとして、特段の事情のない限り、母Bを監護者と指定することが相当であると判断し、まずBと同居中のDの監護者をBと指定した。次いで、Cは、Bの下からAの下に自ら移り住んでいるが、それは、かねてAとの面会交流が円滑に実施されなかったことへの不満や家族一緒に暮らしたいという心情から出たもので、今後の生活を熟慮したものとはいえないこと、Aはこれまで単独監護の経験に乏しく、Cの監護を殆ど補助者の祖母に委ねているが、その負担は年齢からみても軽いものではなく、祖母が健康上の問題を抱えると監護状況の維持が困難になることなどから、Aによる監護は、Bによる監護と比較してCの福祉に資するとはいえないと判断し、C、Dの監護者をいずれもBと指定して、Aに対し、CをBに引き渡すように命じた。

抗告審［3］は、Cについて、改めて家裁調査官による調査を実施した上、Cは、自らの意思に基づきA宅に戻り、別居前から関係の良好であったAとの同居の継続を強く求めている一方で、Bに対する不信感等からAとの同居を拒んでいることなどを考慮して、原審判中Cに関する部分を取り消し、未成年者の監護者をAと指定し、Bの子の引渡しに係る申立てを却下した。

原審は継続性の原則を尊重し、抗告審は、きょうだい不分離の原則より子の意向尊重の原則を尊重したともいえよう。

## （2）きょうだい不分離の原則

［3］と同様に、きょうだい不分離の原則が問題となった事例がある。

［5］【東京高決令和2年2月18日家法30号63頁】は、の事案は次のとおりである。

夫である相手方Xが、別居中の妻である抗告人Yに対し、未成年者らの監護者を相手方と指定するとともに、現在、Yの下で養育されている二女及び三女をXに引き渡すことを求める一方、Yが、Xに対し、未成年者らの監護者をYと指定するとともに、現在、Xの下で養育されている長女をYに引き渡すことを求めた事案において、原審［6］【長野家飯田支審令和元年10月24日LEX/DB】は、長女について、Yとの同居を拒否する意向を尊重することがその福祉に適うとして、Xを監護者と定めるのが相当とした上で、二女及び三女については、長女と分離させず、共に生活させることが望ましいという

点を重視して、未成年者らの監護者をいずれも X と指定し、二女及び三女を Y に引き渡すよう命じたところ、抗告審［5］は、長女については、原審同様、X を監護者と定めるのが相当と判断したが、二女及び三女については、同居中から Y が主として監護を担当しており、別居後も Y と同居して生活していること、その監護状況に特段の問題点は認められず、長女とは異なり、Y との関係性も良好であることを認定し、従前ないし現在の監護環境を維持することが最も子の福祉に合致するとして、Y を監護者と定めるのが相当であると判断した。［5］は、きょうだい不分離の原則については、監護者を定める上での一考慮要素にすぎないものであり、「長女と二女及び三女とで監護者を異ならせたとしても、本件においては、X と Y が比較的近い距離に居住しており、実際に、長女と二女・三女間の交流も相当程度頻繁に行われていることが認められるから、監護親が異なることによる弊害が大きいとはいえない。」として、一定の配慮を示している。

## （3）事実上の監護者である第三者（祖父母等）の監護者指定の申立権

　事実上の監護者である祖父母等の第三者が監護者指定の申立権を有するかについては、学説及び裁判例は分かれている。

　学説では、消極説があるものの（島津編・前掲 157 頁〔神谷笑子〕、斎藤秀夫＝菊池信男編『注解家事審判法』（青林書院、1987）338 頁〔沼邊愛一〕等）、近時の通説は積極説であるといわれている（梶村太市「子の引渡請求の裁判管轄と執行方法」司法研修所論集 1997-Ⅱ 336 頁、同「子の監護審判事件における第三者の当事者適格」判タ 1281 号 142 頁、二宮周平「子の監護者の指定審判に対する抗告事件」判タ 1284 号 153 頁、棚村政行「祖父母の監護権」野田愛子ほか編『家事関係裁判例と実務 245 題』（判タ 1100 号、判例タイムズ社、2002）148 頁等）。

　裁判例も分かれるが、消極説に立つ決定例としては、東京高決平成 20 年 1 月 30 日家月 60 巻 8 号 59 頁、仙台高決平成 12 年 6 月 22 日家月 54 巻 5 号 125 頁があり、積極説に立つものとしては、福岡高決平成 14 年 9 月 13 日判タ 1115 号 208 頁、東京高決昭和 52 年 12 月 9 日家月 30 巻 8 号 42 頁等がある。

　［7］【大阪高決令和 2 年 1 月 16 日判時 2465・2466 号合併号 46 頁】は、未成年者の祖母である相手方が、抗告人ら（未成年者の母及び養父）に対し、未成

年者の監護者を相手方と定めることを求めた事案において、民法 766 条 1 項の法意に照らし、相手方は、未成年者を事実上監護する祖母として、未成年者の監護者指定を求める本件申立てをすることができるとした上で、抗告人らの親権の行使が不適当であるため、未成年者を抗告人らに監護させた場合、未成年者の健全な成長を阻害するおそれが十分に認められる一方、相手方による未成年者の監護状況に特段の問題はうかがわれず、未成年者が現時点においては落ち着いた生活を送ることができていることからすれば、未成年者の監護者を相手方と定めるのが相当であるとして、抗告人らの各抗告をいずれも棄却した。

　これに対し、抗告許可の申立てが許可され、[8]【最決令和 3 年 3 月 29 日裁時 1765 号 3 頁】は、民法 766 条 2 項は、同条 1 項の子の監護について必要な事項についての協議の主体である父母の申立てにより、家庭裁判所が子の監護に関する事項を定めることを予定してものと解されること、民法その他の法令において、事実上子を監護してきた第三者が、家庭裁判所に上記事項を定めるよう申し立てることができる旨を定めた規定はなく、上記の申立てについて、監護の事実をもって上記第三者を父母と同視することもできないことから、父母以外の第三者は、事実上子を監護してきた者であっても、家庭裁判所に対し、子の監護に関する処分として子の監護をすべき者を定める審判を申し立てることはできないと解するのが相当であるとして、消極説に立ち、学説判例の争いに決着をつけた。


## 3　面会交流


　面会交流については、子あるいは親の権利と解するかなどその法的性質をめぐってさまざまな見解が対立しているが、民法 766 条 1 項が、「子の利益を最も優先して考慮しなければならない。」としているので、子の権利説に親和性があるといえよう。むしろ、法的性質論より、どのような状況においてどのような内容の面会交流を認めることが子の利益を最も優先して考慮したことになるかが問題である。

　面会交流に際して、非監護親による子の連れ去りへの懸念の解消等から、監護親が面会交流に立会いすることを希望することがある。他方、非監護親とす

れば、監護親の立ち会いは、ともすれば監視されているとの意識を持つことから、未成年者との自由な交流の妨げになるとして反対することも少なくない。面会交流の実施方法について、面接親と未成年者との交流の親疎の程度によって分類すると、間接面会交流（直接面会せず、メール等のやり取りをする方法）、監護親の立会いのもとでの面会、第三者機関の関与の下での面会などの方法がある。

　直接面会交流における未成年者の精神的負担は、程度によっては、子の福祉に反することなり、直接的な面会交流が制限される場合があろう。

　名古屋高決平成29年3月17日判時2367号58頁は、一部実施した面会交流において、未成年者と父との面会交流をこれ以上実施させることの心理学的、医学的弊害が明らかとなったものと認められ、それが子の福祉に反することが明白になったというべきであるから、それ以降の直接的面会交流をさせるべきではないことが明らかとなったものということができるとし、また、他方、非監護親が父親として未成年者のために手紙や品物を送ることまでを否定する理由はないから、この点については従前の取扱いを変更する必要はないとして、直接的面会交流を認めた原審判を変更した。

　もっとも、間接交流は、直接交流よりも子に与える影響は少ないと思われがちであるが、子が非監護親に対し拒否的な感情を抱く場合、あるいは、監護親の心境を慮って手紙やプレゼントを受け取るべきか悩み、不安を感じることもあり、間接交流には子に苦痛をもたらし、葛藤、悩み、不安の原因となるなど子の福祉を害する虞のある場合もあることを考慮し、間接交流を安易に直接交流の次善の策として考えるべきではないとの指摘もある。

　今季は以下のような裁判例がある。

## （1）間接交流にとどめられた事例

　原審［9］【さいたま家審平成31年2月26日家法27号58頁】は、平成28年1月に離婚した元夫婦間において、父が、3人の子の親権者である母親に対し、離婚時の和解条項（本件和解条項）において、少なくとも月1回の面会交流が定められたにもかかわらず、母親がこれを実行しないとして、子らと面会交流をする時期、方法等について定めることを求めたところ、子らが父との直接交流を強固に拒否しており、その状況で子らに父との面会を強いるとすれば、

子らの判断能力や人格を否定することになり、その福祉に反する結果となるとして、直接交流を認めず、間接交流についても、メールや SNS を用いたメッセージの送信による間接交流を行うことは相当でないとして、手紙の送付等の間接的なものにとどめる内容の審判をした。これに対し、抗告審［10］【東京高決令和元年 8 月 23 日家法 27 号 52 頁】は、直接交流を否定するなど原審判の内容を基本的に維持しつつ、間接交流については、母から父に対して子らの電子メールのアドレス及び LINE の ID を通知すべきことなどは認め、父は、紙、メール、LINE 等の方法を用いて、自らの思いを未成年者らに率直に伝えることによって、未成年者らの抵抗感等を和らげ信頼関係を構築するように努め、未成年者らの了解を得た上で、直接の面会の実施につなげていくべきものとして、その限度で原審を変更した。

### （2）直接交流を認めた事例

　原審［11］【神戸家審令和元年 7 月 19 日判時 2447 号 8 頁】は、申立人（子らの父）が相手方（同母）に対し、夫婦関係調整調停（前件調停）に基づく申立人と未成年者らとの面会交流が実施されていないとして、申立人と未成年者らが面会交流する時期、方法などにつき協議を求めたところ、子や親の状況が変化し、前件調停で定められた実施要領では円滑な面会交流が持続できないときは、面会交流の実施要領を実情に合わせて変更しなければ、面会交流を巡る紛争状態が拡大するなどして、子の福祉を害するおそれがあるとし、当面は申立人と未成年者らとの面会交流を実施することは相当でなく、申立人が未成年者らに手紙やプレゼントを贈ったりし、相手方は、その受け取った物を未成年者らに渡すこととし、未成年者らが手紙を書いたときは申立人に送付し、相手方が申立人に未成年者らの写真を定期的に送る等の間接交流をするのが相当として、前件調停における実施要領を変更した。

　これに対し、抗告審［12］【大阪高決令和元年 11 月 8 日判時 2447 号 5 頁】は、間接交流のみを認めた［11］を変更し、従前の父子関係は良好であり、家族で旅行に出かけるなど円滑に直接交流が行われていたのであり、その際に抗告人が未成年者に不適切な言動に及んだことも窺われないこと、未成年者らは、現在も抗告人を慕い、直接交流の再開を望んでいることからすると、直接交流を禁止すべき事由は見当たらず、これを速やかに再開することが未成年者らの

福祉に適うとして、直接交流を認めた。

## 4 養育費

養育費については、標準算定方式・算定表（令和元年版）（平成30年度司法研究（養育費、婚姻費用の算定に関する実証的研究）の報告について、それ以前の算定方式について、東京・大阪養育費等研究会「簡易迅速な養育費等の算定を目指して——養育費・婚姻費用の算定方式と算定表の提案」（判タ1111号285頁以下））の算定表による算定が定着しているが、争点は少なくない。

養育費の協議、調停審判がなされた後、事情の変更が生じたときには、家庭裁判所は、審判の変更をなすことができ、「事情の変更」とは、協議又は調停審判の際に考慮され、あるいはその前提とされた事情に変更が生じた結果、協議や調停審判が実情に適さなくなったことと解されている。どのような事情の変更があれば変更が可能であるかについては、「法的安定性の要請から、前協議又は審判の際に予見されなかった事情であり、かつ、前協議又は審判を維持することが困難な程度に事情の変更が顕著であることを要する。」（中山・前掲）などと解されている。

### （1）権利者の再婚相手と未成年者の養子縁組

親権者の親権に服する未成年者が親権者の再婚に伴い、親権者の再婚相手と養子縁組をした場合、未成年者の扶養義務は第一次的には、親権者と養親となった再婚相手が負うから、非親権者の扶養義務は免除される（横浜家審平成28年9月9日家法17号105頁）。

しかし、養親が扶養義務を履行できない場合には、実親が扶養義務を負うことになるが、どのような場合がそれに当たるかが問題となる。通常は、養親が無資力その他の理由で十分に扶養義務を履行できないときにその義務を負担することになると解されている。養親世帯の収入が生活保護制度に準拠した最低生活費を下回る場合、実親は、その不足分を負担することになる。

最低生活費の不足分以上の養育費の支払いを命じた裁判例がある。非親権者である父（相手方、原審申立人）が、親権者である母（抗告人、原審相手方）に対し、訴訟上の和解において合意された子らの養育費（1人月額10万円）

についての免除又は減額を求めた事案において、原審［13］【熊本家審平成29年3月10日家法23号92頁】及び抗告審［14］【福岡高決平成29年9月20日家法23巻87頁】は、いずれも最低生活費を下回る養親世帯の不足分を実親に負担させたが、抗告審は、実親の学歴、職業、収入等のほか、毎月1回程度、東京からE市まで出向いて未成年者らとの面会交流を継続していることなどに鑑みると、実親には、未成年者らに人並みの学校外教育等を施すことができる程度の水準の生活をさせる意思はあるものと推認することができるとして、生活費の不足分に公立学校の学習費（年間32万円）を加算して、1人当たりの養育費を1人月額3万円（一部4万円）に変更した。

### （2）扶養義務者の再婚等

［15］【広島高決令和元年11月27日家法27号44頁】は、未成年者の父が、母に対し、和解離婚の和解条項に基づく養育費の額を減額するよう求めた事案において、父が再婚相手との子をもうけたこと、定年退職により収入が減少したこと、再就職先を退職したことは和解条項の基礎とされた事情の変更に当たるとし、変更後の養育費の額の算定は標準的算定方式（前掲「簡易迅速な養育費等の算定を目指して——養育費・婚姻費用の算定方式と算定表の提案」参照、標準算定方式・算定表（令和元年版）以前の事案）に基づくのが相当であるとして、原審を減額した。同決定は、発生している過払金の返還については、民事訴訟事項である不当利得の問題であるから、家事事件についての本決定において、その返還を命ずることはできないとし、さらに、過払金は、裁判所の裁量判断で、将来の養育費の前払として扱うことも不可能ではないが、養育費の性質上、現実の支払がなされることが原則であり、また、前払として扱った場合、長期間、養育費の全部又は一部の支払がなされない事態が生ずることから、将来の養育費の前払として扱うことはしないとしている点が注目される。

## 5　財産分与

### （1）内縁配偶者からの財産分与

　離婚に伴う財産分与に関する民法768条の規定は、内縁関係解消の場合にも適用されるとするのが判例通説である。もっとも、内縁関係は、婚姻と異なっ

て、成立が問題となることが少なくない。

　清算的財産分与における寄与分割合については、夫婦共有財産は、夫婦が協力して形成したものとして、原則として、2分の1とされ、この基準は、内縁関係解消の場合の財産分与にも適用されると解されている。

　原審 ［16］【福岡家審平成30年3月9日家法25巻56頁】及び抗告審 ［17］【福岡高決平成30年11月19日家法25巻53頁】は、①内縁関係の成立について、内縁の妻（抗告人、原審申立人）は、約3年間の男女交際を経て、平成7年頃、内縁の夫（相手方、原審相手方）の自宅で同居を開始し、平成11年頃の転居後も同居生活を継続していたこと、平成25年頃内縁の妻が自宅を出て別居するまでの間、双方の子や孫、親族等と交流していたこと、同じ団体に所属して活動し、旅行にも行っていたことなどから、夫婦関係に相当する社会的実体を備えたものとして内縁関係の成立を認め、②財産分与における夫婦財産の清算において、婚姻後に形成された財産については、財産形成における寄与度等を考慮し、実質的に公平になるように分配すべきであり、これは内縁関係においても同様であるとし、内縁の夫が内縁関係成立前から相当多額の資産を保有していたが、内縁の妻は目立った資産を保有していなかったこと、内縁関係成立時点において、妻が57歳、夫が60歳であり、財産形成については、夫の保有資産の及び社会的地位等による影響や寄与が相当あったとして、妻の寄与度を分の1、夫の寄与度を3分の2とした。

## （2）財産分与と給付命令

　家事事件手続法154条2項は、家事審判における形成処分のうち一定の類型のものについて、職権で給付を命ずることを認め、これに執行力を与えている（同法75条）。家事審判は、本来、裁判所が合目的的又は後見的な立場からあるべき法律関係を形成することを目的とするものであるが、家事審判がこのような内容のものにとどまるとすると、その権利を実現するため給付の命令が必要なものもあり、そのような場合に当事者が常に改めて通常裁判所の裁判を仰がなければならないというのは手続として迂遠であり、家事審判における迅速処理の要請に反する。そこで、法が、一定の審判については権利の形成と共にその実現のための給付を付随処分として命ずることを認め、これに執行力を有することとしたのが給付命令の制度とされている（金子修編著『逐条解説家事

事件手続法』（商事法務、2013）497頁）。

　財産分与の審判において、この家事事件手続法154条2項4号の適用が問題とされた事例がある。[18]【最判令和2年8月6日民集74巻5号1529頁】の事案は、次のようなものである。

　X（抗告人）が、離婚した妻であるY（相手方）に対し、財産分与の審判を申し立てた事案であり、財産分与の対象財産として、X名義の建物等の財産が存在したが、本件建物はYが単独で占有している。財産分与の審判において、建物がYに分与されない場合（財産分与の前後で名義に変動がない場合）であっても、家庭裁判所が、Yに対し、給付命令により本件建物をXに明け渡すよう命ずることができるかどうかが争われた。

　原々審は、建物等をYに分与しないものと判断した上で、Xに対し、給付命令として、清算金209万余円をYに支払うよう命ずるとともに、Xに帰属すべき本件建物をYが単独で占有していたことから、Yに対し、給付命令として、3箇月の猶予期間を設けた上で、本件建物をXに明け渡すよう命じた。

　原審は、原々審と同様の内容で各財産の帰属を定め、Xに対し、Yへの同額の清算金の支払を命じたが、建物の明渡しの給付命令については、X名義の本件建物をYに分与しないものと判断がされた場合、名義人であるXのYに対する建物の明渡請求は、所有権に基づく請求として民事訴訟の手続において審理判断されるべきものであり、家庭裁判所が家事審判の手続において命ずることはできないとして発令しなかった。そこで、Xが抗告許可を申し立て、原審がこれを許可した。

　[18]は、家事事件手続法154条2項4号は、財産分与の審判の内容と当該審判において命ずることができる給付との関係について特段の限定をしていないので、家庭裁判所は、財産分与の審判において、当事者双方がその協力によって得た一方当事者の所有名義の財産につき、他方当事者に分与する場合はもとより、分与しないものと判断した場合であっても、その判断に沿った権利関係を実現するため、必要な給付を命ずることができると解することが、審判後に給付を求める訴えを提起する等の迂遠な手続を避け、財産分与の審判を実効的なものとする家事事件手続法154条2項4号の趣旨にかなうというべきであるとした。

給付命令を形成された権利の執行のための付随手続と解する立場と、より広く財産分与事件における権利の執行のための手続と解する立場があり、最高裁は後者を採用したといえよう。

なお、本決定が「その判断に沿った権利関係を実現するため、必要な給付を命ずることができる」と限定していることからすれば、財産分与の手続に仮託すれば夫婦間におけるどのような給付についても給付命令の形で債務名義が取得できるわけではなく、例えば、財産分与の清算金算定の計算の基礎にも含められていないような、夫婦の一方が婚姻前から有していた特有財産の明渡請求等まで給付命令によることはできないと解しているものといえよう。

## 6　成年後見

任意後見と法定後見との関係の調整について、任意後見契約法 10 条 1 項は、「任意後見契約が登記されている場合には、家庭裁判所は、本人の利益のため特に必要があると認めるときに限り、後見開始の審判等をすることができる。」と規定しており、任意後見制度による保護を選択した本人の自己決定を尊重する観点から、原則として任意後見が優先することとされている。すなわち、任意後見契約が登記されている場合には、任意後見制度による保護を選択した本人の自己決定を尊重する観点から、本人について法定後見の開始の審判の申立てがされたときでも、家庭裁判所は、任意後見監督人の選任の前後を問わず、原則として法定後見の開始の審判をすることができず、「本人の利益のため特に必要があると認めるとき」（任意後見契約法 10 条 1 項）に限り、法定後見の開始の審判をすることができるとされている。

　［19］【高松高決令和元年 12 月 13 日判時 2478 号 70 頁】では、同法 10 条 1 項の適用が問題となった。事案は次のとおりである。

抗告人（本人）は、ケアハウスに居住している者である。抗告人の二女である原審申立人は、平成 30 年 11 月 5 日、家庭裁判所に、抗告人につき後見開始の審判の申立て（後に、申立ての趣旨を、保佐開始及び代理権付与の審判の申立てに変更）をした。抗告人の亡長女の子 D は、家庭裁判所調査官からの意見照会に対し、後見開始に反対する旨回答した。そして、抗告人と D は、弁

護士と相談の上、令和元年 5 月 15 日、委任契約及び任意後見契約を締結し、同月 20 日、本件任意後見契約に関する登記がされた。

　原審は、抗告人は、家庭裁判所調査官に対し、本件任意後見契約は締結していないと述べるなど、抗告人（本人）に上記契約を締結したことへの認識がなく、その内容を十分に理解しているといえるかに疑問があること、本人と任意後見受任者 D の住所が離れていて、身上監護の面でも、任意後見の方が本人の利益に資するともいい難いことから、「本人の利益のため特に必要があると認めるとき」に当たるとして、抗告人について保佐を開始し、社会福祉士を抗告人の保佐人に選任するとの審判をした。これに対して、抗告人が即時抗告した。

　［19］は、「本人の利益のため特に必要があると認めるとき」とは、①任意後見人の法的権限が不十分な場合、②任意後見人の不当な高額報酬の設定など任意後見契約の内容が不当な場合、③任意後見契約法 4 条 1 項 3 号に該当するように受任者に不適格な事由がある場合、④任意後見契約の有効性に客観的な疑念がある場合、⑤本人が法定後見制度を選択する意思を有している場合など、任意後見契約によることが本人保護に欠ける結果となる場合をいうものと解するのが相当であり、任意後見契約によることが本人である抗告人の保護に欠ける結果となるとは到底認められず、保佐開始をすることが本人である抗告人の利益のために特に必要があるとは認められないとし、①家庭裁判所調査官に対し、抗告人が本件任意後見契約は締結していないと述べた点については、抗告審において、抗告人が自筆の手紙で、認知症扱いにして保佐を開始しようとした原審申立人に根強い不信感があったことから、そのように述べたと主張していること、②受任者が遠方である点については、受任者である D は、平成 30 年 7 月以降、16 か月間で 17 回にわたり抗告人の居住するケアハウスを訪れ、延べ 51 日間にわたり、抗告人の身上監護をしていることなどを理由に排斥していた上、原審判を取り消して、原審申立人の保佐開始の審判の申立てを却下した。

　本件のように、法定後見開始申立後に結ばれる、いわゆる即効型任意後見契約には、親族間紛争を背景に、他の親族による法定後見開始申立てへの対抗措置的な色彩が濃く、契約締結時に本人の判断能力が既に低下していることと相

まって、本人の真意性に疑義が生じる蓋然性が高く、任意後見の濫用を疑わせる事案が少なくないとされる。原審もそのような危惧からの保佐開始の決定をしたのではとも思われる。しかし、「本人の利益のため特に必要があると認めるとき」の認定は慎重であるべきであり、[19] も、「本件では、本件任意後見契約によることが本人保護に欠ける結果となるとは到底認められないから、本件で保佐開始をすることが本人である抗告人の利益のために特に必要があるとは認められない。」との説示に至ったものであろう。

なお、裁判例では、札幌高決平成 12 年 12 月 25 日家月 53 巻 8 号 74 頁は任意後見契約法 10 条 1 項所定の事由は認められないとし、これに対し、大阪高決平成 24 年 9 月 6 日家月 65 巻 5 号 84 頁及び福岡高決平成 29 年 3 月 17 日判時 2372 号 47 頁は、いずれも同項所定の事由は認められるとした。

## 〔2〕 相続編

## 1 遺産分割

### （1）一部分割

遺産分割は遺産の総合的分割であって原則として一時に行うべきものであるが、遺産を構成する財産の種類や状態、あるいは相続人の諸事情によっては、一時に分割するより、段階的に一部ずつ分割することが適当な場合がある。一部分割は例外的な措置であるが、その必要性は否定できない。そこで、その可否及び要件が問題となる。

ア　協議分割ないし調停分割における一部分割

一部分割の可否について明文の規定はないが、協議分割ないし調停分割において一部分割が許されることにほとんど異論はない（司法研修所編『遺産分割手続運営の手引（上）』（司法研修所、1983）130 頁、田中恒朗「遺産分割手続の前提問題」中川善之助先生追悼現代家族法大系編集委員会編『現代家族法大系 5 巻』（有斐閣、1979）44 頁等）。後日の残余の遺産分割において、相続人の公平を図ることが可能であれば、当事者間の合意によって一部分割が成立し

た場合、その合意を無効とする必要はない。

　遺産の一部についての分割協議が有効とされるためには、一部分割の結果が以後の残部分割によって影響を受けないことが必要である（大阪家審昭和 40 年 6 月 28 日家月 17 巻 11 号 125 頁は、「凡そ遺産が数個ある場合、その分割協議は全部につき同時になされるのが本来の在り方であるが、時にその内一部について分割協議がなされ、それが有効とされる場合もある。しかしそれは相続人間に残余財産の帰趨が当該一部分割の効力に影響を及ぼさないこと、換言すれば当該部分を残余部分から分離独立せしめることの合意が存在していることを要件とする。けだしそうでなければ相続財産の確定的帰属を目的とする遺産分割の趣旨に添わないからである。」とする）。

　次に、一部分割の結果が残余の遺産の分割に際して考慮されるべきかという問題がある。調停において一部分割がなされる場合には、一部分割の調停調書にその点が明確にされるから問題は生じないと思われる。しかし、協議による一部分割の場合には、その点が明確でない場合も少なくないが、総合的分割の観点からして、一部分割及び残部分割の結果と全部分割の結果は一致すべきであって、一部分割の結果は残部分割に際して考慮されなければならない。もっとも、一部分割の結果が残部分割に影響を及ぼさない旨の、相続人全員の特段の意思が表示されている場合には、それに従うべきであろう（石田敏明「遺産分割の実行・分割の禁止等」斎藤秀夫・菊池信男編『注解家事審判法［改訂］』（青林書院、1987）555 頁、丹宗朝子「分割禁止・一部分割」加藤一郎・岡垣学・野田愛子編『家族法の理論と実務』（別冊判タ 8 号、判例タイムズ社、1980）360 頁、家庭局「昭和 42 年 3 月開催家事審判官会同概要」家月 21 巻 2 号 78 頁は、残部の遺産分割については「先行する一部分割の結果を計算上は入れて取り分を決めていくべきだと思うけれども、ただ当事者が特に、これは相続分どおりに分けるのだという意思表示をしているような場合は……当事者の意思内容がやはり考慮されるべきではなかろうかというように考える」、松原正明『全訂判例先例相続法 II』（日本加除出版、2006）488 頁）。判例もこの見解に従っている。東京家審昭和 47 年 11 月 15 日家月 25 巻 9 号 107 頁は、「一部分割をなすについて合理的理由があり、かつ民法 906 条所定の分割の基準に照らして遺産全体の総合的配分にそごを来さず、残余財産の分配によって

相続人間の公平をはかることが可能であるかぎり、当事者間に成立した一部分割を当然無効とする必要はない」と判示して一部分割の有効性を認め、一部分割の結果が残部分割に影響するか否かについては、「残余財産の分割において、遺産全体の総合的配分の公平を実現するために、残余遺産についてのみ法定相続分に従った分割で足りるか、一部分割における不均衡を残余遺産の分配において修正し、遺産全部について法定相続分に従う分割を行なうべきかが問題となるが、この点については一部分割の際の当事者の意思表示の解釈により定まり、共同相続人が一部分割の不均衡をそのままにし、すなわち一部分割における自己の法定相続分に不足する部分については各当事者が持分放棄あるいは譲渡の意思で一部分割を行なうときは、残余遺産につき前者の方法によることを承認したものとみられるが、このような特段の意思表示のないときは、残余遺産につき後者の方法によることを承認したものと推認すべきものと解される。」とする。また、大阪家審昭和 51 年 11 月 25 日家月 29 巻 6 号 27 頁も、「一部分割をなすべき合理的理由があり、かつ民法 906 条所定の分割の基準に照して遺産全体の総合的配分にそごを来さず、残余財産の分配によって相続人間の公平をはかることが可能である限り、一部分割の協議を当然無効とする必要はな」くその「残余財産の分割においては、遺産全体の総合的配分の公平を実現するため、一部分割における」相続人の取得分の法定相続分との不均衡を修正するべきであるとする。

　イ　審判分割における一部分割

　審判において一部分割が許されるかについて、通説は、法が一部の分割禁止（民法 907 条 3 項）を認めることによって一部分割があり得ることを予定していることから、遺産の一部のみを分割すべき合理的な理由があり、かつこれによって遺産全部の総合的分割に支障をきたさない場合には許されると解していたが（野田愛子「一部分割と、爾後の分割に及ぼす影響」ジュリスト 470 号 129 頁、石田・前掲 555 頁、小林孝一「遺産分割審判事件を本案とする仮分割仮処分の可否及び要件」家月 37 巻 1 号 187 頁、岡垣学「相続」加藤令造編『家事審判法講座 II』（判例タイムズ社、1965）93 頁、丹宗・前掲 359 頁、齊藤充洋「遺産分割の方法」野田愛子＝梶村太市編『新家族法実務大系　第 3 巻』（新日本法規出版、2008）289 頁、前掲東京家審昭和 47 年 11 月 15 日及び

大阪家審昭和51年11月25日も一部分割審判を肯定していた）、今回の相続法改正により、民法907条1項の明文によって一部分割が認められた。

　なお、一部分割審判が許されない事例として、相続法改正前の事例であるが、大阪高決昭和40年4月22日家月17巻10号102頁は、「相続人の一部に異議がないからといって、遺産の範囲を確定せずに、異議のない部分についてのみ遺産の分割をすることは、原則として許されないものというべきである。けだし、遺産の分割は共有の分割と異り、民法906条の分割基準に従った綜合的分割でなければならないのはいうまでもなく、そのためには遺産の全範囲を確定しその全部を分割の対象とするのでなければ、右の趣旨に従った分割の実を挙げることができないからである」とする。

　審判手続による一部分割は、協議分割ないし調停分割と異なり、残部分割に影響を及ぼすことは当然である。したがって、一部分割によって相続人に不利益を及ぼさないことが必要であり、同法907条2項ただし書はその趣旨をあらわしていると思われる。

　ウ　全部の遺産の分割協議がなされた後に、新たに遺産が発見された場合の遺産の分割のあり方

　[20]【大阪高決令和元年7月17判時2446号28頁】は、一部の遺産の分割ではなく、全部の遺産の分割協議がなされた後に、新たに遺産が発見された場合の遺産の分割のあり方が問題となった事例である。

　被相続人は平成11年に死亡したが、相続人は、妻（その後の平成13年死亡）、いずれも夫婦間の子である抗告人及び相手方の3人であった。相続人全員は、平成12年、当時判明していた遺産につき、遺産分割協議を成立させ、妻が自宅と預貯金183万円余り及び現金100万円を、抗告人が農地及び農機具を、相手方が現金200万円を取得した。平成13年に妻も死亡し、平成14年に、その相続人である抗告人と相手方との間で、遺産分割調停が成立した。ところが、平成16年頃に被相続人の残高合計1300万円余りの預貯金口座が発見されたので、抗告人が相手方に対し、原審裁判所に、遺産分割審判を申し立てた。

　抗告人は、先行協議において取得した遺産は200万円に過ぎず、相手方が取得した遺産は相続税評価額でも3355万円余り、時価では1億円余りであって、著しい不均衡が生じているから、これを一切の事情として考慮すべきであって、

本件遺産は抗告人が全て取得すべきであるなどと主張したのに対し、相手方は、相手方が先行協議により取得したのは市街化調整区域内にある農地であって、実際の価額は相続税評価価額よりも著しく低く、相手方は葬儀費用を全額負担していることなども考慮すると、先行協議において相手方が取得した財産の価額は抗告人が取得した 200 万円と比べて有意な差があるとはいえないなどと主張した。

　原審は、本件遺産について、法定相続分により遺産分割をする旨の審判をしたところ、抗告人は、これを不服として即時抗告した。抗告審である ［20］ も、先行協議の際、相続人らは、各人の取得する遺産の価額に差異があったとしても、そのことを是認していたというべきであり、その後の清算は予定されていなかったなどとして、本件遺産を法定相続分により分割した原審の上記判断を是認し、抗告を棄却する旨の決定をした。

　本件は、全部分割としてなされた遺産分割協議後に、新たに遺産が発見されたという事案であって、結果としては一部分割ということになるが、ここでいう一部分割ではない（石田・前掲 555 頁）。その場合、新たに発見された遺産を分割すればよく、先の遺産分割（審判、調停、協議）の効力に影響はないとされている（通説、石田・前掲 565 頁掲記の文献参照）。しかし、先の遺産分割の結果は、一部分割の場合と同様に、後の遺産分割審判に影響を及ぼすと解すべきである。先の遺産分割が審判である場合には具体的相続分に従って分割されているから、後の遺産分割審判では、先の遺産分割審判の結果を考慮する必要性は少ないと思われる。しかし、先の遺産分割が協議ないし調停でなされている場合には、別異に解され、相続人の意思による。先の遺産分割の協議ないし調停において、「残余の遺産が発見された場合には、特定の相続人の取得とするとか、法定相続分で取得する」とか記載される場合には、それに従うことになる。本事案は、そのような条項はなく、相続人間の取得分に差があったが、相続人らは、これを全部分割として終局的な取得分と理解していたのであるから、その修正は考えていないとして、新たに発見された遺産分割は法定相続分に従うべきであるとしたのである。これを敷衍すると、協議ないし調停における遺産分割が全部分割としてなされた場合には、一部分割の場合と反対に、相続人らが特段の意思表示をしない限り、残部の分割は法定相続分によるとい

ってよいであろう。

## （2）分割禁止

　分割禁止とは遺産共有の状態にある遺産の分割を一定の期間禁止することをいい、相続人間の契約や遺言によっておこなうことができるほか、家庭裁判所も、特別の事由がある場合には、期間を定めて遺産の全部又は一部につき分割の禁止をすることができる（民法 907 条 3 項、家事事件手続法別表 2 の 13 号、旧家事審判法 9 条 1 項乙類 10 号）。

　どのような事情が、「特別の事由」に該当するかについては、共同所有は可及的速やかに単独所有に移行すべきであるとする民法の要請にもかかわらず、①法律上の障害によって直ちに分割をなし得ない場合、②分割を一定期間禁止しなければ分割自体を適正に行い得ない場合、③分割を一定期間禁止しなければ相続人の一部又は全部の家庭生活の維持に不当な影響をおよぼす場合で、分割しないことが客観的にみて共同相続人の共通の利益になる場合などと解されている（石田・前掲 569 頁、上田徹一郎「遺産分割の禁止」中川善之助教授還暦記念家族法大系刊行委員会編『家族法大系　第 7』（有斐閣、1960）56 頁、丹宗・前掲 359 頁）。

　分割禁止の審判をした裁判例は少数であるが、名古屋高決昭和 35 年 3 月 18日高民集 13 巻 2 号 194 頁は、一部の相続人の地位が不安定である場合には、親子関係不存在確認その他の訴訟の確定を待つか、遺産分割の禁止その他適当の措置をとるべきであるとし、鹿児島家審昭和 43 年 9 月 16 日家月 21 巻 1 号117 頁は、遺産たる土地に根抵当権が設定されており、又その土地上の建物の所有権をめぐって訴訟が係属中であることが認められるので、抵当権の負担が消滅し、かつ地上物の帰属に関する民事紛争が解決をみるまでは、とうてい適正な分割をなすに適さないから 5 年間分割禁止をするのが相当であるとした。大阪家審平成 2 年 12 月 11 日家月 44 巻 2 号 136 頁は、主要な遺産である不動産全部につき遺産性が争われ、訴訟手続による確定を待つことに当事者の合意がある場合には、遺産分割の調停ないし審判による解決は事実上著しく困難であるから、前記不動産の持分の遺産性の有無が確定するまでは、遺産の全部につき分割禁止の措置をとることが相当であるとするなど、いずれも相続人の地位ないし遺産の範囲に争いがある場合がほとんどである。これに対し、東京高

決昭和60年6月13日家月37巻11号51頁は、「『特別の事由』は、民法906
条に定める分割基準からして、遺産の全部又は一部を当分の間分割しない方が
共同相続人ら全体にとつて利益になると思われる特殊な事情をいうものと解す
るのが相当である。そして、家庭裁判所は遺産の分割に関する処分の前提とな
る相続財産の範囲について当事者間に争いがある場合であっても、審判手続に
おいて右前提事実について審理判断したうえで分割の審判をすることができる
（最高裁判所昭和41年3月2日大法廷決定、民集20巻3号360頁参照）こと
からすると、本件のように単に相続財産の範囲について相続人間で争いがあり、
その一部の財産について民事訴訟が係属しているというのみでは未だ右『特別
の事由』があるとはいい難い」として、原審が遺産全部についてなした3年間
の分割禁止の審判を取り消して差し戻した。東京高決昭和60月13日は、遺産
分割の審判手続においても、前提問題として遺産の範囲についての審理すべき
であることを理由とするものであるが、訴訟手続が既に進行している場合には、
二重の審理をしなければならないとすることは相当ではないように思われる。
家庭裁判所が前提問題の審理をすることができるとしても、遺産分割手続と別
個に訴訟手続が進行している場合には分割禁止の審判を認めてもよいであろう。

　［21］【名古屋家審令和元年11月8日判時2450号・2451号合併号111頁】
は、被相続人がした複数の遺言の効力及び解釈について相続人間に争いがあり、
その効力如何によっては、相続人の範囲やその相続分が大きく変化される状況
にある以上、申立人らが、その紛争を民事訴訟によって解決するべく、提訴を
準備中である状況下において、訴訟の結論が確定するまでは、遺産の全部につ
いてその分割をするべきでないとして、遺産全部の分割を2年間禁止する旨の
審判がされた。相続人が提訴を準備中の段階にあるだけでは、提訴を見合わせ
る可能性もあるので、遺産分割禁止の審判をするのはやや早いとも思われる。

## 2　相続放棄

　民法915条1項は、相続の承認・放棄は、相続人が自己のために相続の開始
があったことを知った時から原則として3か月以内にしなければならないと定
めている。この3か月の熟慮期間の起算点の解釈については、最判昭和59年

4 月 27 日民集 38 巻 6 号 698 頁は、熟慮期間は、原則として、相続人が相続開始の原因たる事実及びこれにより自己が法律上相続人となった事実を知った時から起算すべきものであるとしつつ、相続人がこれらの事実を知った場合であっても 3 か月以内に限定承認又は相続放棄をしなかったのが、相続財産が全く存在しないと信じたためであり、かつ、このように信ずるについて相当な理由がある場合には、熟慮期間は、相続人が相続財産の全部または一部の存在を認識した時又は通常これを認識することのできる時から起算すべきであるとした。もっとも、上記最高裁判決後も、熟慮期間の起算点の繰下げが例外的に認められるのが、相続人が被相続人に相続財産が全く存在しないと信じた場合に限られるのか、それとも、一部の相続財産の存在は知っていたが、通常人がその存在を知っていれば当然相続放棄をしたであろうような債務が存在しないと信じた場合も含まれるのかという点を巡り、見解の分かれる状況にある（松原正明『全訂 判例先例 相続法Ⅲ』（日本加除出版、2008）16 頁）。

　[22]【前橋家大田支審令和元年 9 月 10 日及び同年 10 月 3 日判時 2450・2451 号合併号 8 頁】は、相続人の姉の子である申述人が、被相続人が死亡したことにより、その相続人となったため、相続放棄申述受理を申し立てたところ、平成 31 年 2 月 18 日付けの市長作成の被相続人にかかる「固定資産税の相続人代表者について」と題する書面を同月下旬頃受領した申述人は令和元年 7 月 16 日に本件申述をしたと認めた上で、同文書を読んで、被相続人の相続放棄申述受理申立ては相続人の代表者がすればよいと誤解したこと等は熟慮期間の起算点を後にする理由にならないとし、申述人は、遅くとも本件文書を受領した平成 31 年 2 月下旬頃には、本件文書により相続財産の存在を認識していたと認められ、熟慮期間もその頃から起算するのが相当とし熟慮期間が既に経過していることは明らかとして、申述を却下した。これに対し、抗告審である [23]【東京高決令和元年 11 月 25 日判時 2450・2451 号合併号 5 頁】は、抗告人らの各申述の遅れは、

①　抗告人らが、生前、被相続人と全く疎遠な間柄であった上、前記文書には、被相続人の資産や負債に関する具体的な情報は何ら記載されていなかったのであるから、同文書を突然受領したからといって、高齢の抗告人らにおいて、被相続人を相続すべきか否かを適切に判断することは期待し得なかった。

② 抗告人らが、本件文書を受領してから3か月以内に相続放棄の申述を行わなかったのは、抗告人らの兄弟に当たる者が代表者として全員について相続放棄の申述を行うことによって、相続放棄の手続が完了したと信じていたことから、やむを得ない面があったというべきであるから、民法915条1項所定の熟慮期間は、抗告人らが、相続放棄手続や被相続人の財産に関する具体的説明を受けた時期から進行するとして、熟慮期間を経過しているとして本件各申述を却下した原審を取り消し、各申述をいずれも受理する決定をした。

相続放棄の申述受理は、家事審判事項とされているが（家事事件手続法別表第1の95）、これが、判断作用を伴う裁判であるのか、裁判所による公証行為に過ぎないのか争いがある。そして、この理論的背景から、法定単純承認の有無、熟慮期間の経過の有無等の、相続放棄の実質的要件の具備について、受理審判では、実質的要件をどの程度審査し得るかについても見解が対立している。実務では、これらの問題は、審判事項としてではなく、民事訴訟における当事者間の対立構造の中で、最終的な事実の確定を行う方が適切であるとした事件処理がなされ、福岡高決平成2年9月25日判タ742号159頁、仙台高決平成4年6月8日判タ844号232頁等は、熟慮期間の要件の存否について、家庭裁判所が実質的に審理を行うにしても、一応の審理で足り、その結果、要件の欠缺が明白である場合にのみ申述を却下すべきであるとしていた（松原・前掲244頁以下）。

［23］も、その理由中において、「付言するに、相続放棄の申述は、これが受理されても相続放棄の実体要件が具備されていることを確定させるものではない一方、これを却下した場合は、民法938条の要件を欠き、相続放棄したことがおよそ主張できなくなることに鑑みれば、家庭裁判所は、却下すべきことが明らかな場合を除き、相続放棄の申述を受理するのが相当であって、このような観点からしても、上記結論は妥当性を有するものと考えられる。」としており、実務の大勢に従っていると思われる。

背景事情として、金融機関等の債権者は、むしろ、相続人に、家庭裁判所に対し、相続放棄の申述の受理の申立てをするように促すこともあり（相続人に対する請求を考えておらず、損金処理等の会計処理をする予定であると推測される）、そのような事情のもとで、家庭裁判所としては、申立を却下すること

が躊躇されるということがあるようにも思われる。

## 3　特別縁故

　[24]【大分家中津川支審令和 2 年 6 月 24 日 LLI/DB】は、被相続人（ダウン症等の障害者）の相続につき、申立人 3 名がそれぞれ特別縁故者であるとして、相続財産の分与を求めたところ、①被相続人の母方の叔父である申立人につき、平成 8 年頃まで被相続人家族と生活を共にし、同家族を援助したことに加え、遺産の内容、被相続人の葬儀を主宰したことなどを総合して、特別縁故者と認め、200 万円の分与を、②被相続人の母方従姉である申立人につき、平成 22 年頃から被相続人が死亡するまで物理的・精神的サポートを継続し、永代供養の意向も有することを総合して、特別縁故者と認め、350 万円の分与をするとしたが、③申立人 1 名については、被相続人の療養監護に努めた等の事情は見当たらないなどとして、特別縁故者に該当しないとし申立てを却下した。

## 4　遺言執行

　遺言には、その内容の実現のためには執行が必要とされる場合がある。そのため、民法は、遺言執行者に、遺言の内容を実現するため、相続財産の管理その他遺言の執行に必要な一切の行為をする権利義務を与えた（民法 1012 条 1 項）。他方、相続人も相続財産について管理処分権を有しているので、その行使を自由に認めると、遺言執行者の管理処分権の行使の妨げになるおそれがある。そこで、民法は、遺言執行者がある場合には、相続人は相続財産の処分その他遺言の執行の妨げとなる行為をすることができないとして、その管理処分権を制限した（民法 1013 条 1 項）。民法 1013 条 1 項と 1012 条はあいまって、遺言執行者による遺言の適正円滑な執行を目的とするものである（中川善之助＝加藤永一編『新版注釈民法（28）相続（3）［補訂版］』（有斐閣、2002）348 頁〔泉久雄〕、松原正明『判例先例 相続法 V』（日本加除出版、2012）216 頁）。

　なお、平成 30 年法律第 72 号によって、いわゆる相続法の改正がされたが

（一部を除き令和元年7月1日施行、同日の前に発生した相続については原則として従前の例によるとされている）、改正前民法1013条は、現行民法1013条1項と同旨であるので、その限度では従前の解釈がそのまま妥当する。

相続人が処分権を制限される時期は、指定遺言執行者においては、遺言もしくはその委託によって遺言執行者が指定されたとき（民法1006条）であり、選定遺言執行者においては、家庭裁判所が遺言執行者を選任したとき（民法1010条）であり、遺言執行者が就職を承諾したときからではなく、その場合に民法1013条1項に違反してなされた相続人の処分行為は絶対的に無効である（最一小判昭和62年4月23日民集41巻3号474頁）。もっとも、いわゆる相続法の改正（平成30年法律第72号）により、相続人の処分行為の無効は善意の第三者に対抗することができず（民法1013条2項）、他方、相続人の債権者が相続財産について権利行使することを妨げない旨の規定（同条3項）が新設された。

[25]【東京地判令和元年9月10日金法2136号79頁】の事案は次のとおりである。

被相続人は、平成23年に、①被相続人の財産は遺言執行者において換価し、医療費、葬儀代、公租公課、遺言執行費用等一切の債務を控除した残額を、Y1、Y2、B、C、Dに各5分の1の割合により包括して遺贈する、②遺言執行者としてX（司法書士）を指定し、遺言執行者には本件遺言を執行するため必要な一切の行為の権限を付与する、との内容の公正証書遺言（本件遺言）をし、平成29年1月11日に死亡した。Y1は、平成29年1月12日から18日にかけて、被相続人名義の預金口座から350万円を払い戻し（以下「本件払戻し」という）、①通夜および葬儀費用290万8516円、②納骨費用8万760円、③納骨後の会食費用（本件会食費）3万6500円の合計302万5766円の支払に充て、同月19日、残額47万4224円を本件口座に返還した。

遺言執行者Xは、被相続人の預金口座から約300万円を払い戻して葬儀費用等に充てた相続人Y1ほか1名を被告として、その預金払戻しが民法1013条1項に反し、相続財産に対する不法行為に該当するとして、損害賠償を請求したところ、[25]は、包括受遺者の1人が葬儀費用等に充てるために遺産を構成する預金債権を払い戻したことは、当該遺言において財産の換価金から葬

儀費用その他の費用を控除した残額を遺言執行者が分配すると定められていた
ことから、遺言者の意思に反するものとはいえず、金額にかんがみ相続財産を
不当に減少させるものでもなく、遺言の公正な実現を妨げるものともいえない
から、民法 1013 条 1 項にいう「相続財産の処分その他遺言の執行を妨げるべ
き行為」に該当しないとした。

## 〔3〕諸法

## 1　国際私法

　[26]【東京家審令和元年 12 月 6 日判時 2456 号 123 頁】の事案は、子らの母
である申立人と父である相手方が、外国において、子らの親権者を申立人と相
手方の共同親権とすることを内容とする裁判離婚をしていたところ、申立人が
相手方に対し、子らの親権者を申立人と定めることを求めて審判の申立てをし
たというものである。

　[26] は、我が国の裁判所に国際裁判管轄があり、準拠法は日本法となる旨
判示した上で、外国における父母の共同親権を内容とする裁判が我が国におい
ても有効とされる場合、民法 819 条 6 項に基づき、父母の共同親権から父母の
一方の単独親権とすることができると解されるとし、申立人の単独親権へ変更
することが子らの利益のために必要であるとして、申立人と相手方の共同親権
から申立人の単独親権に変更する審判をした。

　外国判決が承認される場合の準拠法については、承認する国の国際私法の定
める準拠法とする見解が多数である（海老沢美広「外国離婚判決（子の監護裁
判を含む）の効力」野田愛子ほか編『家事関係裁判例と実務 245 題』（判タ
1100 号、判例タイムズ社、2002）84、87 頁、早川眞一郎「外国裁判所の子の
監護に関する裁判を変更できるか」野田ほか編・前掲 206、207 頁。東京家審
昭和 44 年 6 月 20 日家月 22 巻 3 号 110 頁）。

　承認されるべき外国で子の離婚後の共同親権を定める裁判が確定し、この裁
判が日本においても効力を有するとされ、日本法が適用された場合、[26] は、

民法 819 条 6 項を根拠に共同親権と定められた親権者を父母の一方の単独親権に変更することが可能であるとしている。民法 819 条 6 項は、親権者を他の一方に変更することができると定めているが、「他の一方」との文言が、共同親権者として定められている者の内 1 名の単独親権に変更することを禁止する趣旨とは考えられないから、本審判のような扱いをすることも否定されないであろう（早川・前掲 207 頁は、日本法が準拠法になる場合には、親権者を指定する外国裁判が存在しそれが日本で承認されるときに民法 819 条 6 項に基づき親権者を変更する旨の審判をすることが可能であるとする）。

## 2　戸籍法

　[27]【大阪高決令和元年 9 月 18 日判時 2448 号 3 頁】は、性同一性障害と診断された戸籍上の性別が男性である申立人が、男性名から女性名への名の変更許可を申し立てた事案において、原審は、申立人が変更を求める女性名が、通称として永年使用され社会的に定着しているとは認められず、申立人がホルモン治療等を行わなかったなどの通院治療の状況等を併せて考慮し、名を変更することにつき正当な事由があるとは認められないとして申立てを却下したのに対し、抗告審は、申立人が心療内科・精神科に約 1 年半通院して、医師 2 名から性同一性障害の診断ガイドラインに沿った診断の結果、性同一性障害であることの診断を得ていることなどから、正当な事由があると認められると判断し、原審を取り消して申立てを許可した。

　原審は、通称名の使用実績に重きが置かれ、性同一性障害の点についての検討が不十分のように思われるのに対し、抗告審は、申立人は性同一性障害について確定診断を受けており、それに起因する性の不一致に悩み、生活上の不便が生じていることに重きを置き、その不便を解消するためにされた通称名の使用が社会的、経済的な関係において継続されていることも併せ考慮されている。

## 3　児童福祉法

### （1）児童福祉法 28 条 1 項

　［28］【名古屋家審令和元年 5 月 15 日家法 28 号 134 頁】は、親権者父母に未成年者の監護養育を委ねることは、未成年者の福祉を著しく害することになるとして、児童福祉法 28 条 1 項 1 号に基づき、未成年者を障害児施設に入所させること又は里親に委託することを承認した。

　①未成年者は愛護手帳 4 度相当の軽度知的障がいの認定を受けているが、親権者父は、兼ねてから未成年者の通学する中学校とトラブルを起こしては、未成年者の登校を禁止するなどして、授業日数全体の約 6 割もの日数を欠席させたものであって、親権者母も親権者父の意向に逆らえなかったところであり、未成年者にとって極めて重要な学習権（成長発達権）を中核とする教育を受ける権利（憲法 26 条 1 項）を積極的に妨げていたといえる。

　②未成年者は、家から追い出されてバス停で途方に暮れて座り込んでいたところを発見されて警察官に保護され、警察署長からのネグレクト児童としての通行を受け、児童相談所による一時保護が開始された。未成年者は、その後の平成 29 年 7 月 7 日から現在に至るまで、障害児入所施設において生活しており、日常生活に必要なことは自分ですることができ、学校生活にも適用して、毎日付き添いなして登校することができ、意欲的に物事に取り組んでいる。

　③親権者父母は、未成年者の引き取りを長らく拒んだ末、1 年半近くもの間未成年者と面会せず、学校のみならず児童相談所の職員の非をも言い募ってこれらを一方的に責め立て他罰的な対応に終始し、児童相談所との交信まで拒むようになり、未成年者の将来を見据えた教育にとって必要不可欠な協力連携関係の構築とは真逆の態度を取り続けている。

　④未成年者は、現在 17 歳となっており、現在の施設での生活が安定して楽しく登校することができ、自分の時間が持てること等から、家に帰りたくないとの意向を示すようになり、施設入所か里親の下での生活により、高等部への通学を続けていきたいと希望している。未成年者を現状のまま親権者父母の下に帰らせて未成年者の監護養育を委ねることは、未成年者の意向に反し、安定

した日常生活の下で学校教育を受ける機会を再び奪うことに直結するものであって、未成年者の福祉を著しく害することになるというほかはない。

## （2）児童福祉法 28 条 4 項及び同法 28 条 7 項

児童福祉法について、平成 30 年 4 月 2 日から審判前の勧告（児童福祉法 28 条 4 項）及び却下の審判時の勧告（同法 28 条 7 項）の制度が施行された。

後者の勧告がなされた事例がある。

［29］【福岡家審令和元年 8 月 6 日判時 2442 号 116 頁】は、児童相談所長が、児童福祉法 28 条 1 項に基づき、保護者である母から暴言や暴行を受けて一時保護中の児童について、里親等への委託又は児童養護施設への入所を承認するよう求めたところ、母は、児童相談所の指導や施設の援助を肯定的に捉えているため、母の児童に対する監護が、改善され、著しく児童の福祉を害するものと評価し難いとして、申立てを却下したが、母と児童相談所や施設との関係性に問題が生ずると、不適切な養育に戻る可能性があるとして、併せて同法 28 条 7 項に基づく勧告を付した。

## 4　国際的な子の奪取の民事上の側面に関する条約の実施に関する法律（実施法）

## （1）実施法の規定する子の返還申立事件に係る家事調停における子を返還する旨の定めと同法 117 条 1 項の類推適用

［30］【最決令和 2 年 4 月 16 日民集 74 巻 3 号 737 頁】で問題となった事案は次のとおりである。

日本人女性である抗告人とロシア人男性である相手方は、平成 18 年に婚姻して子をもうけ、平成 19 年以降、3 人でモスクワ市内に住んでいたが、平成 28 年 5 月、当時 9 歳の子が日本に入国し、同年 8 月、抗告人が日本に入国した。相手方は、同年 11 月、実施法の規定する子の返還を申立てたところ、調停に付され、平成 29 年 1 月、抗告人が同年 2 月 12 日限り子をロシアに返還する旨の合意及び養育費、面会交流等についての調停が成立した。しかし、子は、同月 10 日、小学校からの下校途中に教会に行き、ロシアに行きたくないなどと言って保護を求め、同月 12 日以降も日本にとどまっている。

　抗告人が、調停成立後、事情の変更により本件調停における子の返還合意を維持することが不当となったと主張して、実施法 117 条 1 項に基づき、本件返還合意を変更することを求める事案である。同項は、「子の返還を命ずる終局決定をした裁判所（中略）は、子の返還を命ずる終局決定が確定した後に、事情の変更によりその決定を維持することを不当と認めるに至ったときは、当事者の申立てにより、その決定（中略）を変更することができる。（後略）」と定めており、決定について定めた同項が調停における子の返還合意に直接適用又は類推適用されるかどうかが問題となった。

　原々審は、実施法 117 条 1 項を調停における子の返還合意に適用する余地はあるとした上で、本件では同項にいう事情の変更があるとは認められないとして、申立てを却下し、抗告人が抗告をしたが、原審は、同項は調停における子の返還合意に直接適用又は類推適用されず、本件申立ては不適法であって、これを却下した原々決定は結論において正当であるとして、抗告を棄却した。

　抗告人が抗告許可を申し立て、最高裁は、子を返還する旨の調停が成立した後に、事情の変更により同調停における子を返還する旨の定めを維持することを不当と認めるに至った場合は、実施法 117 条 1 項の規定を類推適用して、当事者の申立てにより、上記定めを変更することができると判断して原決定を破棄し、原審に差し戻した。

　［30］は、次のように述べて、類推適用を認めた。

① 　実施法 117 条 1 項の規定は、子の返還を命ずる終局決定が確定した場合、子の返還は迅速に行われるべきではあるが、子が返還される前に事情の変更により上記決定を維持することが子の利益の観点から不当となることがあり得るため、そのようなときには、上記決定が子に対して重大な影響を与えることに鑑みて、上記決定を変更することができることとしたものと解される。

② 　子の返還条項は確定した子の返還を命ずる終局決定と同一の効力を有するところ（実施法 145 条 3 項）、子を返還する旨の調停が成立した場合も、事情の変更により子の返還条項を維持することが子の利益の観点から不当となることがあり得るため、そのようなときに子の返還条項を変更する必要があることは、上記決定が確定した場合と同様である。

③ 　子の返還申立事件に係る家事調停において子の返還の合意と併せて養育費、

面会交流等について他の合意がされ、その後に子の返還条項を変更することに伴って当該調停における他の定めも変更する必要が生ずる場合があるが、その場合は、上記定めについて、別途、家事事件手続法上の変更手続等により対処することが可能であるから、上記の場合があることをもって、子の返還条項を変更することができると解することに支障があるとはいえない。

　子の返還についての調停合意に実施法117条1項が類推適用が認められないとすると、この種の事件を調停に付することが躊躇されるであろう。

### (2) 実施法28条3項

　実施法28条3項の趣旨については、子が連れ去られた先の国において、その国で子の監護に関する裁判がされたことや他の国においてされた子の監護に関する裁判がその国で効力を有する可能性があることを理由に子の返還が拒否されてしまうと、子が国境を越えて不法に連れ去られ、又は留置された場合の子の監護に関する紛争については子の常居所地国で解決されるのが望ましいという条約の考え方に反することになりかねないものの、他方で、これらの子の監護に関する裁判においては、親及び子の生活状況、親子の関係性等がその理由として考慮されていることもあり、有用な場合もあるため、日本において子の監護に関する裁判があったこと又は外国においてされた子の監護に関する裁判が日本で効力を有する可能性があることのみを理由として子の返還の申立てを却下してはならないこととする一方で、これらの子の監護に関する裁判の理由を子の返還の申立てについての裁判において考慮することを妨げないものとしたものとされる（金子修編集代表『一問一答　国際的な子の連れ去りへの制度的対応』（商事法務、2015）158頁）。

　実施法27条は、同条各号のいずれにも該当する事由があるときは、常居所地国に子を返還しなければならないとするが、同法28条1項においては、同項各号の事由のいずれかがあると認めるときは、子の返還を命じてはならないとしている。以下に、返還を命じた事例と命じなかった事例を掲げる。

　ア　子の返還を認めた事例

　（ア）[31]【東京高決平成31年2月28日判時2445号53頁】

　[31] は、以下のような事案である。

　子Cの父であるBが、母であるAに対し、Aによる連れ去り（本件連れ去

り）によりCに対する監護の権利が侵害されたと主張して、実施法に基づき、Cを常居所地国であるロシア連邦に返還することを求めた事案である。AとBは、ロシア連邦において婚姻した夫婦であり、A、B及びCはいずれもロシア国籍を有する。AとBは、平成28年8月29日、ロシアでの離婚の裁判において、離婚後にAが子Cと同居することについて合意し、同年9月30日に離婚した。Aは、平成29年10月30日頃、Cとともにロシアから日本に入国し、同年12月にはDと婚姻し、Cとともに日本での居住を開始したが、平成30年5月28日に、ロシア内務省H州支部入出国管理課により、Cについて、ロシア法の手続上の問題が解決するまでの間、ロシア国外に出国する権利に制限がある旨の決定がされた。原審がCの返還を認めたため、Aが抗告をしたところ、抗告審継続中に、ロシアのI市裁判所が、Cの居住地をAの下とするとともに、AがCを連れてロシアから日本へ出国することを許可することを禁止する命令を撤回し、期間を限定しつつ、Bの承諾なく、AがCを連れてロシアから日本へ出国することを許可する旨の決定をした。

　[31]は、このように、本案係属中に常居所地国で子の監護に関する裁判があった事案であり、以下のように判断した。

① ロシアのI市裁判所の決定理由が与える影響

　BはAによる連れ去り時に子に対する監護権を有しており、本件連れ去りによってBの監護権が侵害されたことが認められるところ、I市裁判所の決定がされたこと自体により、直ちに本件連れ去りがBの監護権を侵害するものではなかったことになるものではないなどとして、この決定の理由を考慮してもなお、ロシア法によれば、本件連れ去りはBの監護権を侵害するものであったとした。

　また、同決定は、CがBの下に居住することはCの精神状態に極めて有害な影響を及ぼすとしているが、本決定は、ロシアへのCの返還とBへのCの引渡しは同義ではなく、I市裁判所の決定はAがロシアでCを監護することを妨げるものではないこと、同決定も、Cの居住地等を定めるに当たり、Cが現在父であるBを認識できないと証言したことを考慮したものにすぎず、そのような証言自体によって、Cの心身に害悪を及ぼすことその他子を耐え難い状況に置くこととなる重大な危険があるとは認められないことを指摘し子の返

還拒否事由が認められないとした。

② 常居所地国で裁判所による決定がされた後に、子を返還することの可否

本決定は、Ｉ市裁判所の決定においては、ＡがＣを連れて日本に居住しているのは一時的であることを前提に、ロシア法ではこれによってＢがＣの養育から排除されているとはいえず、Ａに対する出国禁止命令の撤回についても期限が付されていることからすれば、Ｃの監護に関する紛争はなお継続しているとして、ロシアでの裁判手続による監護をめぐる紛争の帰趨を考慮するよりも、むしろＣを迅速にロシアに返還し、Ｉ市裁判所の決定の上訴審での審理を含めて、その監護に関する紛争の解決を図ることがむしろ実施法の趣旨にかなうとした。

（イ）［32］【東京高決平成31年3月27日判時2444号13頁】

［32］は、子Ｃの父であるＢが母であるＡに対し、Ａによる連れ去りによりＢのＣに対する監護の権利が侵害されたと主張して、実施法に基づき、子を常居所地国であるブラジルに返還することを求めたところ、原審［33］【東京家審平成31年2月4日判時2444号16頁】がＢの申立てを認容したため、Ａからの即時抗告に対し、原決定を相当と認め、抗告を棄却した。

主な争点は、①子の常居所地国、②いわゆる連れ去りの同意又は承諾の返還拒否事由の有無（実施法28条1項3号）、③いわゆる重大な危険の返還拒否事由の有無（同項4号）である。

①について、原決定は、「常居所」とは、人が常時居住する場所で、単なる居所とは異なり、相当長期間にわたって居住する場所をいうものと解され、その認定に際しては、居住年数、居住目的、居住状況等子の生活実態に関する諸般の事情を総合的に考慮して、個別的に判断するのが相当であるとした上で、Ｃが日本に入国するまで1年8か月にわたってブラジルにおいて居住していたこと、ブラジルを出国するまで1年以上にわたってブラジルの保育園に通園して家庭以外の社会と交流を持っていたこと、ブラジル国民に付与される個人識別番号（総合登録番号）やブラジル旅券を取得するなどブラジル国民として生活する上で必要な各種の手続をとっていたこと、Ａはブラジルにおいて一時期仕事をしており、一定期間ブラジルに定住する意図を有していたことがうかがわれること等を指摘して、Ｃの常居所地はブラジルであるとし、［32］も

［33］の判断を是認している。

　②については、原決定は、実施法 28 条 1 項 3 号に規定する子の連れ去りの同意又は承諾とは、子が相当長期間にわたって日本に居住し続けることについての同意又は承諾を指し、子の返還を求める権利を放棄したと評価できる程度のものであることを要すると解されるとした上で、申立人が旅券発行の申請手続に協力した事実によって、子の日本への渡航や転居について包括的に同意したと認めることはできず、子の返還請求権を放棄したと評価することはできないと判断し、［32］も［33］の判断を是認している。

　③については、原決定は、B には従前から飲酒や薬物使用の問題があり、それが双方の間において懸案となっていたことや、B がこれまでそれらの問題を改善できずにいることとしても、B の飲酒や薬物使用により子の監護において具体的な危険が生じたことを認めるに足りる資料はないとして、C をブラジルに返還することにより、B の飲酒や薬物使用に係る問題で子の心身に害悪を及ぼすことその他本件子を耐え難い状況に置くことになる重大な危険があるとは認めることはできないと判断し、［32］も［33］の判断を是認している。

　イ　子の返還を認めなかった事例

　（ア）［34］【東京家決平成 30 年 12 月 11 日判時 2444 号 53 頁】

　［34］は、実施法に基づき、父である申立人が、母である相手方に対して、3 人の子らをその常居所地国であるスペインに返還するよう求めた事案において、子の返還申立ては、相手方による子らの留置の開始から 1 年を経過した後にされたものであり、子らはいずれも日本での生活に適応していると認められるから、法 28 条 1 項 1 号（新たな環境への適応）の返還拒否事由があるとして申立てを却下した。

　（イ）［35］【東京家決平成 30 年 2 月 13 日判時 2443 号 23 頁】

　［35］の事案は、夫婦である父母が子とともに日本に滞在中、ホテルの一室で、父が母の顔面等を殴り、母に全治 2 週間を要する両眼球打撲傷等の傷害を負わせた事案である。その後、父と母との間では、示談が成立したが、本件示談書では、父と母が別居すること、母と子が日本に居住し、母が子を監護養育すること、夫婦の在り方については代理人を通じて協議することなどが約された。その後、父は、母と子を日本に残して常居所地国であるシンガポールに帰

国した。

そして、父である申立人が母に対し、母による留置により子に対する監護の権利が侵害されたと主張して、実施法に基づき、子を常居所地国であるシンガポールに返還することを求めた事案であり、①いわゆる留置の同意の返還拒否事由の有無（実施法 28 条 1 項 3 号）及び②いわゆる重大な危険の返還拒否事由の有無（実施法 28 条 1 項 4 号）の 2 点が争点となった。

[35] は、①については、傷害事件後成立した示談書で当事者双方は、子の監護養育に関する合意をしており、子の監護については解決をみたとし、親子関係の紛争の管轄合意、シンガポールの幼稚園の退園手続等を踏まえれば、示談は、子が相手方と共に日本に居住することに同意したものというべきで、法 28 条 1 項 3 号の返還拒否事由が認められ、②については、申立人は子に対して暴行を行なっていないとしても、相手方と子がシンガポールに入国した場合、子に心理的外傷を与えることとなる暴力等を申立人から受けるおそれがあるといえ、法 28 条 1 項 4 号の返還拒否事由もあると認められるとし、申立てを却下した。これに対し、申立人から抗告がなされたが、抗告審である [36]【東京高決平成 30 年 5 月 18 日判時 2443 号 20 頁】は原審の決定を是認している。

## 5　性同一障害者の性別の取扱いの特例に関する法律（特例法）

性同一障害者の性別の取扱いの特例に関する法律（以下「特例法」という。）3 条 1 項によれば、性別の取扱いの変更の審判が認められる要件は、① 20 歳（1 号、令和 4 年 4 月 1 日以降は 18 歳）以上であること、②現に婚姻をしていないこと（2 号）、③現に未成年の子がいないこと（3 号）、④生殖腺がないこと又は生殖腺の機能を永続的に欠く状態にあること（4 号）、⑤その身体について他の性別に係る身体の性器に係る部分に近似する外観を備えていること（5 号）などと規定されている。

その憲法適合性についてみると、現に子がいないこと（平成 20 年改正前）について、東京高決平成 17 年 5 月 17 日家月 57 巻 10 号 99 頁は、同規定は、親子関係などの家族秩序に混乱を生じさせたり、子の福祉に影響を及ぼすことがないようにする必要があることから設けられたもので、憲法 13 条や 14 条 1

項に違反しないと判断した。また、生殖腺がないこと又は生殖腺の機能を永続的に欠く状態にあることについては、最決平成 31 年 1 月 23 日判タ 1463 号 74 頁は、同規定は、変更前の性別の生殖機能により子供が生まれることがあれば、親子関係等に関わる問題が生じ、社会に混乱を生じさせかねないことや長きにわたって生物学的な性別に基づき男女の区別がされてきた中で急激な形での変化を避ける等の配慮に基づくものと解されるとし、これらの配慮の必要性、方法の相当性等は、性自認に従った性別の取扱いや家族制度の理解に関する社会的状況の変化等に応じて変わり得るものであり、このような規定の憲法適合性については不断の検討を要するものというべきであるが、同規定の目的、上記の制約の態様、現在の社会的状況等を総合的に較量すると、同規定は、現時点では憲法 13 条や 14 条 1 項に違反するものとはいえないと判断した。

　[37]【大阪高決令和元年 6 月 20 日判タ 1473 号 69 頁】は、現に婚姻をしていないことの要件が問題とされた事例であるが、同規定（2 号）の趣旨は、婚姻をしている性同一性障害者に性別の取扱いの変更を認めると、長きにわたって生物学的な性別に基づき男女の区別がされ、その男女の合意に基づいて婚姻制度が形成、維持されてきた中で、同性同士の婚姻という現行法秩序上認められていない状態が生じ、社会を混乱させかねないことを避けるなどの配慮に基づくものと解され、このような規定の目的、制約の態様、現在の社会的状況等を総合的に比較衡量すると、本件規定は不合理なものとはいえず、憲法 13 条、14 条 1 項に違反するものではないと判示した。

　同決定に対して特別抗告がなされ、[38]【最決令和 2 年 3 月 11 日 LLI/DB】は、2 号の規定は、現に婚姻をしている者について性別の取扱いの変更を認めた場合、異性間においてのみ婚姻が認められている現在の婚姻秩序に混乱を生じさせかねない等の配慮に基づくものとして、合理性を欠くものとはいえないから、国会の裁量権の範囲を逸脱するものということはできず、憲法 13 条、14 条 1 項、24 条に違反するものとはいえないとした。

　この要件は、同性婚の可否につながる問題であって、その帰趨によっては、憲法適合性が見直される余地もあろう。

# 判例索引

家事法の理論・実務・判例　5

2022 年 1 月 20 日　第 1 版第 1 刷発行

編者　道垣内　弘人
　　　松原　正明

発行者　井　村　寿　人

発行所　株式会社　勁　草　書　房

112-0005　東京都文京区水道 2-1-1　振替 00150-2-175253
（編集）電話 03-3815-5277／FAX 03-3814-6968
（営業）電話 03-3814-6861／FAX 03-3814-6854
理想社・中永製本所

＊落丁本・乱丁本はお取替いたします。
　ご感想・お問い合わせは小社ホームページから
　お願いいたします。

https://www.keisoshobo.co.jp

道垣内弘人＝松原正明 編

家事法の理論・実務・判例　1～4

A5 判／4,070～4,400 円
ISBN978-4-326-44964-4
44965-1
44966-8
44967-5

松原正明＝道垣内弘人 編

家事事件の理論と実務

（全 3 巻）

A5 判／3,080～3,630 円
ISBN978-4-326-40310-3
40311-0
40312-7

奥田昌道＝安永正昭 編

法学講義民法 総則　第 3 版

A5 判／3,080 円
ISBN978-4-326-40352-3

我妻榮＝良永和隆 著　遠藤浩 補訂

民法　第 10 版

B6 判／2,530 円
ISBN978-4-326-45111-1

喜多村勝徳 著

契約の法務　第 2 版

A5 判／3,630 円
ISBN978-4-326-40360-8

喜多村勝徳 著

損害賠償の法務

A5 判／3,850 円
ISBN978-4-326-40350-9

松原正明＝浦木厚利 編著

実務成年後見法

A5 判／5,720 円
ISBN978-4-326-40372-1

勁草書房刊

表示価格は、2022 年 1 月現在。消費税は含まれております。